Nuestra hambre
en La Habana

Nuestra hambre en La Habana

Memorias del Período Especial en la Cuba de los 90

Enrique Del Risco

Plataforma
Editorial

Primera edición en esta colección: febrero de 2022

© Enrique Del Risco Arrocha, 2022
© de la presente edición: Plataforma Editorial, 2022

Plataforma Editorial
c/ Muntaner, 269, entlo. 1ª – 08021 Barcelona
Tel.: (+34) 93 494 79 99
www.plataformaeditorial.com
info@plataformaeditorial.com

Depósito legal: B 1653-2022
ISBN: 978-84-18927-34-8
IBIC: DN

Printed in Spain – Impreso en España

Foto de portada:
Ernesto Chao Galbán
Adaptación:
Armando Tejuca Corominas

Diseño y realización de cubierta:
Grafime

Fotocomposición:
gama, sl

El papel que se ha utilizado para imprimir este libro proviene
de explotaciones forestales controladas, donde se respetan
los valores ecológicos, sociales y el desarrollo sostenible del bosque.

Impresión: Liberdúplex
Sant Llorenç d'Hortons (Barcelona)

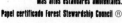
El papel utilizado para la impresión de este libro
ha sido fabricado a partir de madera procedente
de bosques y plantaciones gestionados con los
más altos estándares ambientales.
Papel certificado Forest Stewardship Council ®

MIXTO
Papel procedente de
fuentes responsables
FSC® C109440

*A Lourdes Dávila, culpable de que empezara
a escribir este libro, inocente de todo lo demás.*

Cuando pasas hambre te sientes increíblemente humillado. Lo mismo cuando no se te permite decir lo que piensas.

MIRCEA CĂRTĂRESCU

Por ahora no pido más que la justicia del almuerzo.

PABLO NERUDA

Índice

Un tocadiscos

En cuanto comenzara a trabajar me compraría un tocadiscos. Estaba decidido. No de inmediato, por supuesto. Con el primer sueldo de recién graduado universitario invitaría a mis padres a comer en el restaurante favorito de la familia. Pero si ahorraba una cuarta parte de mis tres siguientes salarios de ciento noventa y ocho pesos, para principios del año siguiente, uno de esos tocadiscos de la República Democrática Alemana que llevaban décadas cogiendo polvo en las tiendas de la capital sería, al fin, mío. No me importaba que la humanidad se estuviera pasando en masa al sonido cristalino de los CD o que meses atrás hubiese caído el Muro de Berlín. Todavía los CD eran una leyenda cubana, y del estruendo de la caída del muro berlinés llegaba apenas un rumor a una Cuba que en esos días era más isla que nunca. Mi sueño de contar al fin con un aparato que reprodujera la música que yo quisiera parecía viable. Aunque sin exagerar. No iba a escuchar la música que quisiera. Si acaso unos cuantos discos de producción nacional tan polvorientos como el tocadiscos que planeaba comprarme y algo de música clásica que se vendía en la Casa de la Cultura Checoslovaca, una institución que cada día reforzaba más su condición de reliquia del pasado. Un pasado en el que expresiones como «campo socialista» o «bloque soviético» tenían sentido.

No obstante, y sin que mediara ningún esfuerzo por mi parte, con los días, mi aparentemente modesta ambición se convirtió en utopía inalcanzable. Luego, en nada. Pero al menos, tras mi primer mes de trabajo en el cementerio pude invitar a mis padres a El Conejito. La noche del 9 de octubre de 1990. Lo recuerdo porque, mientras nos acomodábamos en el restaurante, Cleo mencionó que era el cumpleaños de John Lennon. Esa noche ignoraba que el país que producía mi anhelado tocadiscos había desaparecido días antes para unirse a su antigua rival, la República Federal de Alemania. Tampoco sabía que iba a ser la última vez que comería en aquel restaurante. O que muy pronto hasta la propia noción de restaurante entraría en fase de extinción. Yo, que pensaba que con aquella cena celebraba mi estreno laboral, en realidad me estaba despidiendo del mundo tal como lo había conocido hasta entonces.

Para nuestra familia aquella fue la cena del fin del mundo que fue la prosperidad socialista, un oxímoron que se resolvía en colas casi interminables para casi todo, un transporte público horrendo y el forzado ascetismo de la cartilla de racionamiento. Una prosperidad para la que la carne, los mariscos y la cerveza eran lujos absolutos, pero en la que al menos abundaban el ron y los cigarrillos. Un mundo en el que los servicios gastronómicos eran una variante del sadismo y la burocracia resultaba tan kafkiana como para darle nuevo sentido a la obra del praguense. Un mundo de pobreza regimentada por el que muy pronto íbamos a desarrollar una nostalgia feroz.

Los meses siguientes iban a ser pródigos en desapariciones. Primero desaparecieron el ron y los cigarrillos. El ron desapareció de las cafeterías dejando las botellas de vodka soviético a merced de los borrachines que no les habían prestado atención hasta entonces. Luego el vodka también desapareció. La comida no. La comida había desaparecido de las cafeterías desde los años sesenta: lo que hacía era reaparecer con más o menos intermitencia. Hasta que, en cierto momento difícil de determinar, esa intermitencia también desapareció. Algo similar a lo que le pasó al papel sanitario: luego de tener durante años una relación esquiva con nuestros culos vino a ser definitivamente sustituido por el papel periódico. (Algunos, con talante más vengativo, acudían a las páginas de la Constitución Socialista, de la *Plataforma programática del Partido Comunista de Cuba* o a las obras completas de Marx, Engels y Lenin impresas por la soviética editorial Progreso en amable papel cebolla).

No mucho después desaparecería el transporte público casi por completo. Los autobuses que antes pasaban cada media hora ahora lo hacían cada tres o cuatro. Muchas rutas de autobuses desaparecieron sin dejar rastro.

También desaparecieron las bombillas que iluminaban el exterior de las casas.

O los muebles de los portales de las casas.

Y los gatos.

Y los gordos.

Los gatos porque los cazaban y se los comían. Y los gordos porque no comían lo suficiente. Todo lo que quedaba de los obesos de antaño eran fotos en blanco y negro, enmarcadas en las salas de las casas junto a las que se sentaban, irreconocibles, con los pellejos colgándoles de los brazos, para evocar lo que ahora veían como sus buenos tiempos.

No todo fueron desapariciones.

También aparecieron algunas cosas y reaparecieron otras que no se habían visto en mucho tiempo, casi todas destinadas a sustituir la ausencia de comida y de transporte. O los cigarros y el alcohol.

Nada como una buena crisis para convertir el alcohol en producto de primera necesidad.

Buena parte de los sustitutos de la comida, del transporte público y del alcohol los aportaba el propio Gobierno para hacer más llevadera una crisis que se empeñaba en llamar Período Especial.

Novedades como:

- picadillo de soya,
- perros (calientes) sin tripas,
- pasta de oca,
- picadillo texturizado.

Y las bicicletas, claro.

Las bicicletas no se comían. Eran para sustituir el transporte. Los perros, el picadillo y la pasta eran igual de indigestos, pero se destinaron a sustituir la comida. (No se dejen engañar por nombres que poco tenían que ver con lo que designaban. Del mismo modo que nuestros estómagos no se dejaban engañar cuando los intentaban procesar).

También aparecieron:

- el ron a granel,
- el vino espumoso,
- los amarillos,
- los camellos.

(Los amarillos eran empleados del Gobierno que, apostados en las paradas de autobuses y en puntos estratégicos de la ciudad y de las carreteras, estaban autorizados a detener los vehículos públicos o privados y embutir en ellos a cuantos pasajeros pudieran. Los camellos eran camiones enormes adaptados malamente para el transporte de pasajeros, al punto de que estos salían de ahí convertidos en algo distinto a sí mismos. No en balde los camellos recibieron el sobrenombre de «la película del sábado» por el sexo, la violencia y el lenguaje de adultos que se escenificaban en ellos).

Entre las reapariciones estuvo el tremendísimo repunte en la producción de alcoholes caseros. Y de los nombres para designarlos: «chispa e'tren», «hueso de tigre», «azuquín», «duérmete, mi niño», «el hombre y la tierra» y otros todavía más intraducibles a una lengua conocida.

Los cerdos se convirtieron en animales domésticos: crecían junto a la familia y dormían en la bañera para ser devorados o vendidos en cuanto adquirieran suficiente peso.

Si no se los robaban antes.

Aparecieron enfermedades apenas conocidas hasta entonces, hijas naturales de la mala alimentación. De la falta de vitaminas y de higiene.

(Porque los jabones y el detergente —se me olvidaba mencionarlo— también estuvieron entre los primeros caídos en combate).

Enfermedades que producían invalidez, ceguera o, si no se atajaban a tiempo, la muerte.

Epidemias de polineuritis, de neuropatía óptica, de beriberi, de suicidios.

Suicidios no solo de personas. En esos días recuerdo haber visto más perros atropellados en la calle que nunca, y supuse que también ellos se cansaban de vivir. O los choferes de esquivarlos.

Todo lo demás se encogía. Las raciones de alimento que el Gobierno vendía mensualmente, las horas al día con electricidad, la llama del gas de las hornillas. La vida.

La ración mensual de huevos se fue reduciendo al punto de que los huevos terminaron bautizados como «los cosmonautas» por aquello del conteo regresivo: «8, 7, 6,

5, 4». Recuerdo que en algún momento se redujo la ración personal a solo tres huevos al mes. Luego no recuerdo nada.

El pan también se encogió hasta quedar en una porción que cabía en la mano y que, ante su evidente falta de ingredientes básicos, resultaba difícil que no se te desmoronara entre los dedos antes de llegar a casa. (Las bolsas de papel también habían desaparecido y las de plástico siempre fueron un privilegio reservado a los extranjeros, así que el acarreo de panes era inevitablemente manual.) Pero ni siquiera la condición miserable y menguante de aquellos panes los defendía de nuestra hambre.

La lucha diaria por el pan se convirtió en una expresión rigurosamente literal: un día, visitando la casa de un actor bastante exitoso, me vi en medio del fuego cruzado entre el actor y su hijo adolescente, al que el primero recriminaba que, luego de comerse los panes de ambos, intentara zamparse el de su madre.

Lo único que se mantenía inalterable era el discurso oficial. Con «discurso oficial» no me refiero a las «tendencias de elaboración de un mensaje mediante recursos expresivos y diversas estrategias». Hablo de la acepción más concreta de «serie de las palabras y frases empleadas para manifestar lo que se piensa o se siente». O, para decirlo con más precisión, lo que pensaba y sentía el máximo líder del país, que era como decir el país mismo. Palabras y frases que desfilaban durante horas para decir una y otra vez lo mismo: lo dispuestos que estábamos a defender las conquistas de la Revolución y lo mal que nos iría si se nos ocurría cambiar de régimen político. O lo mal que le iba al mundo si se comparaba con nosotros. O lo bien que estábamos si nos comparábamos con los demás. No lo recuerdo con exactitud ni tengo deseos de releer aquellos discursos.

Dichos discursos también insistían en lo irreversible de nuestra decisión de construir el socialismo tomada desde tiempo antes de que naciéramos.

Iba quedándonos claro que el capitalismo se construía al menor descuido, mientras que el socialismo requería décadas de incesante labor y todavía no se veía si alcanzaríamos a ponerle techo.

El nuestro era un socialismo a la intemperie.

La prensa escrita y la televisión imitaban al discurso oficial en no darse por enteradas de los cambios que estaban ocurriendo en las hermanas repúblicas socialistas de Europa: el mismo discurso triunfalista sobre los avances locales en la construcción del socialismo, las mismas cifras de sobrecumplimiento, las mismas exuberantes cosechas de papas que luego no encontrabas en ningún sitio. En aquellos medios no se anunció a derechas la caída del Muro de Berlín. O la ejecución de Nicolae Ceauşescu. O la masacre de Tiananmén.

Los eventos incómodos para el discurso oficial o se ignoraban o se comunicaban de un modo tan distante de lo real como estaban nuestros alcoholes caseros de los destilados industriales.

En todos esos años no escuché en los medios oficiales pronunciar la palabra «hambre» salvo para referirse a otro país. En aquellos años nuestra miseria no recibió otro nombre que el de Período Especial, fenómeno que tenía su origen en «dificultades de todos conocidas».

En esos años me tocó ser joven, recién graduado, feliz.

Tuve suerte. A otros les tocó ser padres y madres de familia abrumados por la tarea de alimentar a sus hijos sin tener con qué. Forzados a hacer tortillas de un solo huevo para cuatro, cinco, diez personas. A prostituirse para que sus hijos se vistieran. A robar para que sus abuelos no se murieran de hambre.

Porque hubo muertos de hambre. Muchos. No los reportaban como tales. Alguien quedaba en los puros huesos y luego se lo llevaba un simple catarro, un infarto, un derrame cerebral. O se suicidaba. O se montaba en una balsa que era otra forma de suicidio. Un suicidio esperanzado. Si llegabas a la Florida o te recogía en el camino algún barco americano estabas salvado. A eso se le llamaba en esos días «pasar a mejor vida». A irse del país, digo. Recorrer más de noventa millas en aquellos amasijos de maderas, redes, cuerdas y neumáticos de camión por un mar revuelto y atestado de tiburones siempre ha estado al nivel de los milagros. Incluso si otorgamos igualdad de posibilidades a la muerte y al escape, la disyuntiva da escalofríos.

De 1990 a 1995 al menos cuarenta y cinco mil cubanos llegaron en balsa a los Estados Unidos.

Calculen ustedes.

Y están los otros, los que murieron en sus casas de alguna enfermedad alentada por el hambre.

De aquellas muertes nadie tiene cifras fiables. No obstante, esto puede darles una idea: en 1990 el promedio de los entierros en el principal cementerio de La Habana oscilaba entre cuarenta y cincuenta diarios. Cuarenta entre semana, cincuenta los sábados y los domingos. Lo sé porque trabajé allí. Me fui y cuando regresé, tres años después, la cifra se había duplicado: ochenta enterramientos diarios de lunes a viernes y cien los fines de semana.

Hagan la cuenta.

En medio de esa masacre sorda yo me di muchísimos lujos. El lujo de ir al cine, de leer, de visitar y recibir amigos, de no dejar de escribir. El lujo de ser insolentemente irresponsable, de ser feliz en medio de aquella hambre atroz que lo invadía todo y que hacía que la gente se desmayara en las paradas de autobuses o en la sala de espera de cualquier consulta médica.

Eso no me evitaba acostarme con hambre. O levantarme con hambre. Desayunar un vaso de leche en polvo y la mitad del ínfimo pan que Cleo compartía conmigo. Meter en un cacharro de plástico un poco de arroz y picadillo de soya o unas croquetas de pescado que constituirían mi almuerzo (se ruega no tomar demasiado al pie de la letra los nombres que le dábamos a la comida: los usábamos por costumbre, para que el engaño del hambre fuera lo más eficaz posible). Luego ir en bicicleta hasta el cementerio. Sí, durante buena parte de mis últimos años cubanos fingí ser historiador del principal cementerio de la ciudad. Cincuenta y cinco hectáreas tapizadas de cruces y mármoles. O lo que es lo mismo: cincuenta y cinco hectáreas de hambre rodeadas de hambre por todas partes.

Porque incluso en pleno centro de la ciudad, en una zona rodeada de cafeterías, restaurantes, pizzerías y heladerías, todo estaba cerrado por falta de comida.

En tiempos de absoluto control del Estado sobre la economía, la ecuación era simple: si el Estado no tenía nada que vender, entonces no había nada que comprar.

Y si de repente vendían algún fiambre de aspecto infame, habría que hacer tres o cuatro horas de cola para comprarlo.

Por eso debía atenerme a lo que llevara en aquella cantina plástica y devorarlo antes de que el calor bestial del trópico lo volviera una pasta babosa y rancia. Aprovechar hasta la última migaja porque no habría nada más que comer hasta que regresara a la casa, a las cinco de la tarde, en bicicleta.

O no. Porque en la casa tampoco encontraría mucho. Arroz, alguna legumbre y luego cocimientos de hierbas arrancadas a escondidas de los canteros del barrio para engañar un hambre cada vez más astuta. Yo prefería que el hambre me agarrara en la calle, viendo alguna película. Usualmente películas viejas, en la Cinemateca, porque los antiguos cines de estreno proyectaban las mismas películas durante meses. Al menos en la Cinemateca exhibían una y hasta dos películas diferentes al día. Allá me encontraba con Cleo a la salida de su trabajo, y coincidía con mi hermano y su novia o con cualquiera de mis amigos. En una ciudad en que cualquier artículo costaba entre veinte y cincuenta veces lo que valía antes, al menos la entrada al cine conservaba el mismo precio.

Con mi sueldo mensual podía ir doscientas veces al cine. O comprarme dos jabones.

Era raro el concierto, la obra de teatro o la función de *ballet* que nos perdíamos. No había muchos espectáculos a los que asistir: cantautores locales, roqueros tercermundistas, compañías de teatro europeas perdidas en algún programa de intercambio.

La ciudad vacía y a oscuras y nosotros pedaleando. Y rezando porque las «dificultades de todos conocidas» no obligaran a suspender la función de esa noche. Para no regresar a casa con el estómago vacío y el espíritu igualmente en blanco. Surcando la ciudad oscura y desolada a lomos de la bicicleta, con un machete en la mano para que pudiera verlo quien tuviera intenciones de asaltarnos.

Las bicicletas eran el oro de aquellos años. Como todo lo que sirviera para moverse, emborracharse, bañarse o llenarse el estómago.

Al día siguiente se repetiría el ciclo: leche en polvo, bicicleta, arroz, frijoles, cine, bicicleta, arroz, frijoles y cocimiento.

Un ciclo accesible solo a los que teníamos el privilegio de no tener que mantener a una familia, una casa. La suerte de no estar obligados a tomarnos la vida en serio.

Entre aquel octubre en que invité a mis padres a comer a su restaurante favorito y el otro octubre en que por fin me fui de Cuba pasaron cinco años. Un quinquenio espantoso, interminable.

Y feliz, porque tuve la dicha de ser joven, irresponsable y estar bien acompañado.

Pero, hasta donde recuerdo, ni una vez en esos cinco años volví a pensar en ese tocadiscos. El tocadiscos que no había podido comprarme porque el país que los producía había desaparecido junto con nuestra vida de antaño.

Desaparecidos para bien y para mal.

Ahora, por fin, en medio de la ñoñería hípster por los discos de vinilo, me he comprado un pequeño tocadiscos. Un pretexto para reunir, sin prisas ni pausas, la colección de discos que nunca tuve.

Allá los que busquen en los discos una autenticidad desconocida en su mundo digital: para mí aquel tocadiscos tiene el sabor dulce y frío de la venganza.

En el cementerio

Mi primer trabajo como graduado de la Universidad de La Habana fue en el cementerio Colón. Tuve suerte. A mis compañeros los enviaron a cementerios más pequeños, más pobres, con menos historias que contar. O al Departamento de Servicios Comunales de sus respectivos municipios a censar los monumentos y las tarjas que encontraran. A hacer un recuento de cuántos había y de su estado de conservación para que luego les dijeran que no había material con que hacer las reparaciones que recomendaban. Para censar los monumentos de un municipio bastaban dos meses. Si trabajaban muuuuuy lento. Se suponía que era un empleo que debía durarles al menos los dos años que durara el llamado servicio social. El tiempo en que supuestamente saldábamos la deuda con el Estado después de que este nos hubiera costeado la carrera.

A la graduación anterior de historiadores la habían enviado en masa al Ministerio de Turismo. Habíamos puesto el grito en el cielo. ¿Estudiar Historia cinco años para terminar pastoreando manadas de turistas? ¿Husmear en archivos, escribir disertaciones, recibir diplomas en letras góticas para luego repetir una y otra vez a los extranjeros las trivialidades de un trozo de ciudad?

¿Se podía pensar en un destino más indigno para nuestra profesión?

Por supuesto que sí, pero aquella reacción da idea de lo perdidos que estábamos.

Ni idea de lo estratégica que iba a ser muy pronto la industria turística.

Ni de lo miserable que iba a ser nuestra existencia en el futuro inmediato.

Investigadores desdoblados en vendedores de aguacates, de puré de tomate.

Arquitectos reconvertidos en choferes de taxis.

Doctoras en prostitutas.

Tampoco imaginábamos que pronto el primer mandatario —el mismo que antes presumía de haber extirpado la prostitución— se jactaría de que las prostitutas locales eran las más cultas del planeta.

No intuíamos lo poco que valdría nuestra dignidad en unos meses.

Seguíamos aferrados a nuestra anticuada idea del futuro: desarrollarnos como profesionales de la rama que escogiéramos, ascender lentamente en prestigio y salario. Soñar con ser invitados a algún congreso en el extranjero, oportunidad que aprovecharíamos para comprarle zapatos a toda la familia. Si teníamos mucha suerte, el Estado nos vendería un carro con el que esquivar el transporte público, ir a la

playa los fines de semana y recorrer el país durante las vacaciones. Un carro, incluso ruso y asmático, era la medida
máxima de la prosperidad socialista y el reconocimiento social. Comprar una casa no entraba en las fantasías de nadie.
Si acaso soñar con que el sistema de trueques de viviendas
diseñado por el Estado nos ayudaría a aliviar el fatalismo
habitacional. Ese fatalismo que acumulaba generaciones de
parientes en una misma vivienda sin otra esperanza que
construirle añadidos chapuceros. O que la naturaleza ade-
lantara su trabajo con los familiares más viejos.

El cementerio no fue la primera opción que se me pre-
sentó. En principio tuve acceso al puesto más apetecido
de todos: el de investigador en un centro dedicado al estudio de la vida y la obra de José Martí, el héroe nacional.
Un centro de investigaciones diseñado a la altura de nuestros viejos sueños profesionales.

Lo rechacé por instinto y no fue una mala decisión. Me
habría hastiado enseguida del trasiego con la figura más
alta del santoral laico de la nación. Habría reaccionado
como acostumbraba y los jefes del lugar no habrían tenido otra opción que expulsarme, declararme persona no
grata a las instituciones del Estado, convertirme en paria.
En mártir anónimo y precoz.

Además, tenía mis propios sueños. Personales, intrans-
feribles. Mi máxima ambición en el verano de 1990 era
enseñar la Verdadera Historia de la Nación a las nuevas
generaciones. En la enseñanza preuniversitaria. Darle la
vuelta al cuentecillo idiota que se enseñaba en las escuelas

cubanas sobre el pasado colectivo. Hacer partícipes a las nuevas camadas de adolescentes de los descubrimientos que había hecho con respecto a la historia patria. Como si la Verdad Revelada que pretendía ofrecerles pudiera distraerlos por unos minutos de asuntos tan esenciales para un adolescente como el sexo y la música de moda.

Se lo expliqué al entonces director del Centro de Estudios Martianos, pero sin darle detalles. Simplemente dije: «Estoy muy joven para burocratizarme».

Su rostro cuadrado y blando generó una sonrisa que quise entender como comprensiva. Una sonrisa que distenderá sus eternos labios de funcionario cada vez que recuerde esa conversación. «¿Cómo se puede ser tan idiota?», se preguntará.

De manera que, mientras esperaba a que apareciera la oportunidad de enseñar Historia en alguna escuela, fui a ocupar mi puesto en el cementerio como parte de un equipo de investigación recién creado. Al frente —me decían— estaba una investigadora entusiasta que había llegado a encaramarse a una grúa para fotografiar las esculturas situadas sobre el pórtico principal del cementerio.

El cementerio —pensé— era un lugar bonito y no resultaría demasiado aburrido mientras buscaba un puesto de profesor.

«Entusiasta» no era la mejor definición para la jefa del equipo de investigación del cementerio. «Loca de mierda» era bastante más precisa. Me di cuenta ya en las primeras semanas.

Llamémosla Guarina, aunque ese no era su nombre. El real era tan ridículo como ella misma.

Cuando la conocí, Guarina ya andaba metida de lleno en su propia película. Un guion bastante común entre los clásicos del realismo socialista: un héroe —heroína en este caso— ilustrado que intenta abrirse camino en un medio retrógrado, aferrado a sus propias tradiciones. Una comunidad unida en su resistencia taimada, pero incansable, a la llegada de la modernidad. Por eso, nos decía Guarina, los integrantes del equipo técnico de la Necrópolis de Cristóbal Colón debíamos ser modélicos en todo momento. Demostrarle a la masa de sepultureros, custodios y oficinistas que no éramos unos señoritingos engreídos por sus títulos universitarios, sino gente más trabajadora que ellos mismos. ¡Y qué mejor manera de demostrarlo que entrando a trabajar una hora antes que todo el mundo! Y dedicar esa hora extra a reunirnos con Guarina para que nos explicara los grandiosos proyectos que tenía para el cementerio. Reuniones en las que solía quedarme profundamente dormido para disgusto máximo de nuestra faro, luz y guía.

Los planes de Guarina desafiaban por igual el presupuesto del cementerio y la lógica. Pero, por desorbitados que parecieran, no carecían de cálculo. Su modelo era el historiador de la ciudad, un personaje que había convertido un puesto cuasi decorativo en dominio feudal sobre el cascarón histórico de La Habana. Una suerte de alcalde de facto del principal foco turístico de la capital. Guarina, por su parte, ansiaba convertirse en alcaldesa de aquella ciudad de los muertos a la que le vaticinaba un atractivo turístico comparable al de la Habana Vieja.

Aunque los planes de nuestra jefa parecieran irrealizables, la resistencia que encontrábamos los del equipo técnico (que, además de la jefa, estaba compuesto por dos historiadoras del arte, un arquitecto y por mí) era bastante real. Los sepultureros verían con desconfianza la presencia de un grupo de universitarios en predios en que habían sobrevivido y medrado por años y, a veces, por generaciones. Cuerpos extraños penetrando en el ecosistema del cementerio: mezcla de espías del Gobierno y competencia por los tesoros que albergaba la Necrópolis de Cristóbal Colón.

Fundado en 1876, Colón —cuyo nombre era herencia del propósito, frustrado por el turbulento divorcio entre Cuba y su metrópoli, de que los restos del Almirante de la Mar Océana reposaran allí— era un mundo en sí mismo. Un universo dominado por el secreto y el contrabando. Sitio de castigo y, a la vez, refugio de fugitivos. Protegido de la mirada del común de los mortales por una coraza de escrúpulos y superstición, el cementerio tenía el aire de esos barrios míticos donde ni la policía se atreve a entrar. Pero, a diferencia de aquellos barrios dizque marginales, el cementerio estaba tomado por las fuerzas del orden. Más de un tercio de sus trabajadores eran vigilantes: jubilados del Ejército y de la Policía, viejos militantes comunistas, gente de confianza que, como suele suceder con la gente de confianza, no se enteraba de nada.

Sin embargo, el grueso de sus empleados eran enterradores. Ya fueran herederos de una dinastía de enterradores o forzados a trabajar allí tras tropezar con la ley. Durante mucho tiempo a los exconvictos se les ofrecieron dos opciones laborales: enterrador o cazador de cocodrilos. No sé cómo les iría a los que cazaban cocodrilos, pero a los enterradores no parecía irles mal. Una vez superada la repugnancia al trato diario con cadáveres, no era difícil convertirlo en un modo de vida. Al final de la tarde los enterradores cambiaban los uniformes raídos con incrustaciones arqueológicas de churre y sudor por ropa bastante mejor que la nuestra, y hasta algunos se marchaban en motocicletas que los elevaban sobre la condición peatonal del 90 % de la población. Sus ganancias conocidas provenían de las propinas que recibían durante los entierros y exhumaciones de manos de los dolientes. En cuanto a las otras, pasaría algún tiempo antes de que tuviera una idea clara de cuál era su origen, pero desde el principio pude imaginarme que lo mismo se cagaban en las leyes de los hombres que en las de Dios.

El cementerio era también refugio de fugitivos de todo tipo de persecuciones, empezando por los homosexuales. Ostensibles o secretos. Con esposa y familia o sin pareja conocida: los que no engañaban a nadie y los que solo se engañaban a sí mismos. Constituían la totalidad del personal del archivo y no escaseaban entre los enterradores.

Una vez uno de los enterradores de los que presumían estricta observancia de la machanguería local se ofreció a mostrarme la tumba de un antiguo presidente de la república. Apenas nos paramos frente a lo que quedaba del líder de masas me insinuó que tuviéramos sexo. Como no me vio especialmente dispuesto, apeló entonces a una de las frases que mejor hermana la necesidad con la resignación sexual: «En tiempo de guerra cualquier hueco es trinchera».

Desde fuera, los enterradores parecían como cualquier tribu desconocida: compacta y hostil. En nuestras salidas al campo —que era como se designaba a todo el cementerio fuera del cobijo de las oficinas— nos recibían con la más honesta mirada de desprecio que pueda concebirse. «¿Y estos están aquí para mirarnos?», dijo un sepulturero mientras acarreaban unos ataúdes podridos rellenos de huesos que acababan de exhumar. Sin pensarlo, me puse a cargar ataúdes con ellos para que, sin conseguir mejorar la imagen que tenían de mí, supieran, además, que era muy fácil de manipular.

En el cementerio los conflictos a menudo tenían una dimensión espiritual. Literalmente. Espíritus contra espíritus, dioses contra dioses, unos muertos contra otros. Lo supe pronto, tras mi primera reunión sindical. Arrastrado por la inercia de los debates en la universidad, cuando creía en la eficacia de «llamar las cosas por su nombre», me atreví a discutir con la jefa del sindicato. Pensé que todo concluiría con la mirada rabiosa que me lanzó al final de la discusión. Sin embargo, al día siguiente el archivo en el que trabajaba amaneció lleno de una mezcla de virutas de ataúdes podridos y de tierra sacada del fondo de las tumbas. «Un polvazo», dictaminó Elpidio, versado en religiones africanas y asuntos de ultratumba. Era la manera con que la jefa del sindicato anunciaba su guerra contra mí: convocando a sus dioses para combatirme, expulsarme de su reino de tumbas, cruces y angelitos de mármol.

Así se resolvían buena parte de los asuntos del cementerio. A golpe de polvazos, kilos prietos y cintas coloradas. Cuando algo se perdía en el archivo, Elpidio ataba un trozo de cordel a una pata de una silla o una mesa. Para amarrarle los cojones a san Dimas, decía, y obligarlo a devolver lo perdido. Es bueno tener a alguien como Elpidio a tu lado mientras avanzas por un mundo que ignoras con tanta perfección.

Los primeros amagos del Hambre coincidieron con una ola de robos en las principales tumbas del cementerio. Profanaciones en serie que se ensañaron con los mausoleos de la avenida principal de la necrópolis, la que en el *ancient régime* contenía las propiedades más caras y donde se construyeron los monumentos más vistosos. Tumbas adornadas con obras de los más importantes artistas españoles y cubanos de la época. La manera en que los emperadores del azúcar o los faraones de la cerveza aspiraban a distinguirse del resto de los mortales incluso después de la muerte. Y se distinguieron en aquellos días del Hambre, ¡claro que sí!: contra sus restos, sus losas de mármol de Carrara y su vidriería francesa se ensañaron los saqueadores. Profanadores bien informados y sistemáticos que

cada noche avanzaban tumba a tumba por la avenida
principal en busca de dientes y crucifijos de oro flotando
sobre charcos de huesos corroídos.

Apenas me instalaba en mi nuevo trabajo fui saludado
por la profanación y la destrucción del mausoleo de los
Malpica, una rica familia del siglo XIX. Junto con Guarina
y el administrador del cementerio bajé al interior del mausoleo para encontrarme los nichos abiertos y, en el suelo,
un revoltijo de trozos de mármol y calaveras. El mármol roto
correspondía a las lápidas de los nichos que habían sido
traídas desde el primer cementerio de La Habana, fundado en 1805 por el obispo Espada, de quien tomara su
nombre. Los huesos eran de miembros de la familia Malpica y de allegados como el poeta Julián del Casal, para
quien este revolcón *post mortem* se sumaba al sobresalto
de morir joven.

Fuera de episodios así, es fácil olvidarse de la muerte
cuando se trabaja en un cementerio. Fácil acostumbrarse
al trasiego de ataúdes, coronas de flores y gente seria que
se adentra en un mar de mármol reverberando al sol. Apenas un raro ataque de llanto rompía el pacto de pudor entre quienes se habían gastado las lágrimas en velorios lar-
guísimos.

Al hambre, en cambio, es más difícil distraerla que a la
muerte, requiere atención más constante. Pero antes de
que el Hambre se apropiara definitivamente del país todavía la comida se asomaba en breves estertores. Un día
vendían café con leche en el Ten Cent del Vedado, ese

rezago del pasado en que La Habana miraba con confianza a Nueva York y con superioridad a Miami. Otro día, en el mismo Ten Cent, vendían manzanas cubiertas de caramelo, esa redundancia. Hasta que no apareció nada más y el Hambre alcanzó su plenitud.

Cuando la comida se evaporó por completo de las calles apenas lo notamos. Tras tanto amago, pensamos que en algún momento la comida reaparecería, como había hecho otras veces. Como el agua que se asomaba a los grifos un par de días a la semana. Hasta que comprobamos que debíamos pasárnosla sin comida mucho más tiempo del que estábamos preparados para soportar. Que las pizzerías no volverían a vender *pizzas* ni las cafeterías, croquetas. Las mismas *pizzas* y croquetas que habían hecho las carreras de tantos humoristas locales ahora se convertían en carne de nostalgia. Y la carne, bueno..., ni a nostalgia llegaba.

Nombres

Se impone un ajuste conceptual. Algo que me evite la repetición de ciertas palabras que conformaban el vocabulario oficial y a las que nos resistíamos como podíamos. Un intento de seguirle siendo fiel a aquella reticencia, a aquellas elipsis.

Por ejemplo: no decíamos «Revolución Cubana», «Gobierno revolucionario», «Estado», «socialismo». Decíamos sencillamente «Esto».

Tampoco decíamos «Fidel Castro» o «Comandante en Jefe». Decíamos «Quientusabes», «el Innombrable», «tu Tío», «el Barba», «Patilla», «Guarapo», «Barbatruco», «Esteban (Dido)», «Armando (Guerra Solo)» o «Jotávich» (por un personaje infantil con una barba mágica). O bastaba con alargarse la barbilla con los dedos o señalar la mejilla con el índice para referirse a esa barba que andaba por todas partes, asfixiándonos a todos. No evitábamos su nombre por miedo, sino por superstición. Como se evita mencionar ciertos números, pisar una raya en la acera o abrir un paraguas bajo techo. No pretendíamos que fuese una clave accesible solo para entendidos: cualquiera de aquellas maneras de aludirlo era tan transparente y obvia como el nombre y los dos apellidos.

Los apellidos eran, de hecho, irrelevantes. Un letrero que aparentemente aludía a un actor, tocayo del Máximo Líder («Abajo Fidel Pérez Michel»), bastó para expulsar de sus respectivas carreras a todo un piso de un dormitorio universitario, incluyendo a algunos que ese día visitaban su provincia de origen. Los encargados de reprimirlos habrán concluido que, por mal que actuara, Pérez Michel no merecía ser repudiado de esa manera.

No. No era miedo. Era hastío más bien. La conciencia colectiva de la nación concluyó que aquel nombre había sido mencionado demasiadas veces para añadir una más. En el vacío que se hizo alrededor de su nombre se hacía tan evidente su poder como el resquemor que producía.

No abusábamos del concepto «Período Especial», término que ha tenido un absoluto éxito retrospectivo. Su nombre oficial era «Período Especial en Tiempo de Paz», lo que sugería de entrada que las cosas podrían ponerse peor. Porque, si así era en tiempo de paz, ¿cómo sería en la guerra? En lugar de «Período Especial en Tiempo de Paz», preferíamos decir «ahora» para contrastarlo con un «antes» que se iba agigantando en nuestra memoria de hambrientos sin consuelo.

Estados Unidos era, desde hacía rato, el Yuma o, más recientemente, «el Más Allá». A la gente que llegaba al Más Allá la imaginábamos en el puto paraíso. No decíamos «se fue», sino «pasó a mejor vida».

Así que:

Evitaré expresiones como «Revolución Cubana», «Gobierno revolucionario», «Estado socialista» o «régimen castrista». Para referirme al sistema que desde hace más de sesenta años se enseñorea de mi país diré «Aquello», de igual modo que decía «Esto» cuando sobrevivía en La Habana.

A Fidel Castro preferiré llamarlo Quientusabes, como en «Abajo Quientusabes», la pintada de la que todos hablaban en La Habana y que sospecho que nadie vio. Una pintada que, al mismo tiempo que denostaba al aludido, reconocía su desmesurada presencia en nuestras vidas, su aplastante obviedad.

Y finalmente al Período Especial cada vez que pueda lo llamaré «Hambre», con mayúscula. Sé, como cualquiera que lo haya vivido, que el horror de aquellos tiempos no se reduce a la falta de alimentos, pero al menos este término asume mejor aquella realidad que la ladina higiene del concepto «Período Especial».

El reino de Guarina

Guarina era insufrible. Empezando por el tono de su voz y la insistencia en que nos tomáramos en serio sus ademanes grandilocuentes y sus planes absurdos. Una suerte de Gato con Botas sin ingenio ni gracia. No se trataba de que el marqués que Guarina decía representar existiera o no, sino que, en caso de existir, no nos interesaba conocerlo. El único misterio consistía en descubrir el punto exacto donde terminaba la imbecilidad de Guarina y comenzaba su picardía. Porque no podía ignorar la realidad tanto como pretendía. Con todo, una vez que se la miraba con detenimiento, Guarina era bastante transparente: una niña malcriadísima atrapada en el cuerpo fofo de una señora mayor dispuesta a emberrenchinarse a la menor señal de que sus caprichos no se verían satisfechos. Lo curioso es que tantos años después no recuerde un solo ejemplo de aquellos caprichos que tanto me crispaban y que terminaron por hacerme huir del cementerio. Uno de esos raros casos en los que he tenido éxito a la hora de borrar experiencias desagradables.

El resto del equipo técnico estaba compuesto por personajes que, cada uno a su modo, reforzaban la noción de que el cementerio era una especie de purgatorio comunista. Un lugar en el que se expiaban pecados pasados o al que uno corría a refugiarse hasta que Aquello se olvidara de nuestra existencia.

Estaba el caso de Judith, historiadora del arte. Mujer altiva, de buenas maneras y elegante en la medida que aquellos años te permitían distanciarte del aire de mendicidad promedio en aquella isla. Era la primera vez que ejercía como historiadora del arte, pues hasta entonces había trabajado en el Servicio Exterior. De allí se trajo su porte cuidado y sus reflejos de espía. Notoria era la incomodidad que le provocaba Guarina y era fácil sospechar que haría cualquier cosa por quitársela de encima. No fue difícil sentirnos cómplices.

Horacio, en cambio, era la definición misma del gusano viejo, especie endémica de la fauna cubana. En su caso se trataba de un ejemplar joven de gusano viejo, seres que albergaban sus rencores contra Aquello desde la cuna misma. O desde un par de generaciones anteriores. Generaciones que vieron sus vidas y expectativas burguesas arrolladas por ese torrente de vulgaridad e ineficacia que se hacía llamar Revolución Cubana. Gente que portaba en su ácido desoxirribonucleico los reflejos necesarios para no involucrarse demasiado con el régimen y, al mismo tiempo, sobrevivir a este. Personajes a los que nunca oirías una crítica abierta contra el sistema, pero que nunca dejaban pasar la oportunidad de dejar caer un comentario oscuramente insidioso.

Horacio venía de una familia de arquitectos que por alguna razón no se había incorporado al abundante éxodo de profesionales que provocó Aquello en sus comienzos. Mucho lo habrían aleccionado sobre el valor de la discreción para no señalarse ante la masa vociferante y entusiasta en la que debía zambullirse cada día. Si quería estudiar en la universidad y graduarse en la misma profesión que su padre, no debía mostrar más allá de cierta apatía.

Horacio fue lo bastante cauto para graduarse, aunque no tanto como para trabajar para alguna de las empresas constructoras de hoteles que empezaban a ponerse de moda. El cementerio apareció como su destino natural y a él se aferró Horacio como saben hacerlo los verdaderos supervivientes. Pese a su discreción, las señales de disgusto hacia Aquello que iba dejando a su paso eran tan poco discretas como el paseo de una babosa.

Era notorio hacia dónde se inclinaba su brújula política en su mención de autores borrados hacía mucho de la literatura local o de platos igualmente excluidos de la gastronomía patria y desterrados a las cafeterías de Miami. Horacio decía, por ejemplo, que «en Miami, cuando anuncian el sándwich, no dicen que tiene jamón, queso, lechón asado y pepino encurtido, sino que dicen simplemente "sándwich cubano con todos sus ingredientes"». Con esto se refería a la puntillosa costumbre socialista de anunciar qué ingredientes excluía cada plato de la fórmula original. Como el famoso «pan con tortilla sin pan». (Luego al visitar Miami comprobé la falsedad del comentario de Horacio. Los sándwiches cubanos allá no se anuncian «con todos los ingredientes»: se sobreentiende que los incluyen, sin necesidad de aclaraciones.) No obstante, en medio de aquel paisaje aplanado por el miedo, la postura política de un experto en sutilezas como Horacio era tan notable como si llevara sobre la camiseta un letrero que dijese: «Me defeco en cada uno de los días en que este Gobierno ha estado en el poder».

Zoila Guerra guardaba una extraña simetría con Horacio. Al igual que este, Zoila había forjado sus opiniones políticas desde muy temprano y su recorrido por la vida era ejemplar en más de un sentido. Solo que en su caso estaba marcada por la lealtad absoluta al Gobierno, aunque más que de lealtad se podría hablar de una astuta y consistente servidumbre. Pertenecía al llamado Batallón UJC-MININT, letrerío que aludía a la Unión de Jóvenes Comunistas y al Ministerio del Interior. Tal asociación era menos redundante de lo que cabría suponer. Los integrantes del tal llamado batallón —y de eso me enteraría tiempo después— solían reclutarse desde adolescentes para ser enviados a un instituto preuniversitario en la Isla de la Juventud regentado por el Ministerio del Interior. Una vez graduados en diversas variantes de la represión y el chivataje, eran inoculados en el torrente sanguíneo de las universidades, listos para cumplir cuanta misión se les asignase: desde la protección de algún evento público hasta la vigilancia de sus compañeros de estudio.

Zoila y yo habíamos sido condiscípulos en la licenciatura de Historia durante cinco años, pero yo esperaba que, una vez graduados, la vida nos separara más o menos para siempre. Sin embargo, la asignaron como historiadora de un cementerio minúsculo, muy cercano al de Colón, y desde los primeros días era obvio que no se resignaría a su destino. Mientras otros condiscípulos intentaban adaptarse a los cementerios de la ciudad a los que estaban desterrados, Zoila se esforzó por caer bajo la esfera de poder de Guarina, la misma de la que yo no veía el momento de escapar. Si algo me sorprende de la ambición humana es cómo puede esforzarse tanto en propósitos abrumadoramente pendejos.

Pero, de todos los personajes que conocí en el cementerio, ninguno representaba mejor el vuelco dado por la psiquis nacional en los días iniciales del Hambre que María Antonia, autonombrada custodia de la Milagrosa.

La tumba de la Milagrosa. Ese era el verdadero centro del cementerio.

Su leyenda más lograda.

Contaba la historia de un capitán del ejército libertador y sus amores con una chica de buena familia que, buena familia al fin, se oponía resueltamente a tales relaciones. Finalmente lograron casarse, pero con tan mala suerte que ella murió al dar luz a su primogénito. O —allí el relato diverge— antes de que pudiera hacerlo. La mujer, según una de las versiones, fue enterrada con el niño a sus pies. Según otra, el bebé todavía permanecía en el útero.

Hay incluso una variante aún más atrevida que sitúa a la criaturita en una tumba lejana.

Luego todas las versiones se anudan a la historia central: en el momento de la inhumación, al levantarse la tapa del ataúd, encontraron los restos de la criatura en brazos del cadáver de su madre.

Esa es la leyenda.

Los hechos comprobados son pocos. Hubo matrimonio, embarazo, muerte, pero en los libros del cementerio no se menciona al bebé. Tampoco queda registro de la supuesta exhumación. Se dice que el viudo visitaba la tumba a diario y que seguía el ritual de golpear la lápida con las argollas como si despertara a la muerta para luego marcharse de espaldas. Sí es comprobable que, una década más tarde de que enviudara y a instancias suyas, el más importante escultor del país —el que creara la escultura de José Martí del Parque Central de La Habana y el conjunto que corona la entrada del propio cementerio— esculpió la estatua a la que los visitantes de la Milagrosa dirigen las súplicas a la espera de que haga honor a su fama.

Cuando se trata de un milagro, queda la esperanza de que se repita si se busca de la forma adecuada. La forma adecuada en este caso es acercarse a la tumba con un ramo de flores, manipular las anillas de la lápida como si fueran la aldaba de una puerta, dirigirse a la cabecera de la tumba para hacer la petición directamente a la escultura de una mujer que porta un bebé en su brazo izquierdo y una cruz en el derecho. Luego de esto, el solicitante le da la vuelta a la tumba y se marcha caminando de espaldas, en señal de respeto.

Es lógico sospechar el origen de la leyenda en la propia escultura. Deducir que esta bastó para que imaginaran la exhumación y el niño muerto que aparece mágicamente en brazos del cadáver de su madre. Suponer que el ritual del viudo inspiró a otros a copiarlo al hacerle peticiones a la estatua. Y que, al ver sus deseos cumplidos, lo atribuyeron a la intercesión de la muerta.

El culto prosperó durante la República y sobrevivió incluso a las décadas de ateísmo activo e intimidante de la nueva Revolución. Hasta que el desastre en que se hundía el país hizo renacer el culto con un esplendor nunca visto. Ya no se le pedía a la Milagrosa que ayudara con partos y niños enfermos. Ahora también se le pedía ayuda en temas carcelarios, migratorios, matrimonios con extranjeros o cualquier otra vía de escape.

En fecha reciente el culto, espontáneo y popular, había sido tomado por asalto. María Antonia, una mujer alta, robusta, de pelo corto y hablar vibrante, se autoproclamó máxima responsable de la custodia de la tumba. Primero ahuyentó a otras mujeres que se encargaban por su cuenta de cuidar de la Milagrosa y ahora exigía que Guarina y el resto de las autoridades del cementerio la reconocieran como encargada oficial de la tumba.

Unos decían que había sido oficial del Ministerio del Interior, mientras que otros insistían en que no había pasado de bibliotecaria de la sede del Comité Central del

Partido Comunista. En lo que coincidían ambas versiones era en su relativa importancia oficial dentro del régimen y su súbita —pero parcial— caída en desgracia debido a una enfermedad nerviosa. Una señora que en su vida anterior fuera sólidamente atea encontraba en este supersticioso rezago del pasado una manera de reconducir su vida. El mismo fervor con que antes había servido a un sistema de ateísmo estricto ahora le permitía conectarse con ese canal con la divinidad que retransmitía desde la tumba de la Milagrosa. Lo que una mirada cínica vería como contradicción entre concepciones incompatibles del mundo, el cerebro de María Antonia lo entendería como una y la misma cosa. La Revolución vendría a ser un avatar de lo divino, y cuidar a la Milagrosa una manera de evitar que, en tiempos desesperados, esta manifestación del Espíritu cayera en manos enemigas.

Tarequex 91

No estoy seguro de que con Tarequex en el principio haya sido el verbo. Si empezó con la idea o con la aparición de la galería que debíamos rellenar: la más céntrica de todo el país, en la esquina de 23 y L, en El Vedado, junto al cine Yara y a unos pasos del Hotel Habana Libre y de la heladería Coppelia, según la dirección en que te encamines. La idea era una exposición de tarecos inservibles que pretendían ser todo lo contrario: tecnología de última generación destinada a mejorar la vida de los cubanos, a sustituir importaciones y optimizar los procesos productivos. Una parodia de las exposiciones que se escenificaban a cada rato con el título de «Forjadores del Futuro», la vitrina de la Asociación Nacional de Innovadores y Racionalizadores, una organización de descubridores locales del agua tibia.

Era un proyecto utópico: ridiculizar lo que ya era de una ridiculez insuperable. Pereza mental que entonces nos parecía divertidísima. Conformábamos el plural Armando Tejuca, Jesús Castillo y yo. Tejuca y Castillo eran los únicos integrantes del grupo humorístico 30 de Febrero. Pocos meses atrás habíamos entrado en contacto y andábamos a la caza de proyectos con que divertirnos. Pueden imaginárselo: tener ganas de pasárselo bien y disponer de ese universo infinitamente absurdo que era la Cuba de los noventa. Demasiada tentación.

Digamos que todo lo comenzó Castillo, que está muerto. Muerto y, sospecho, cansado de que otros se atribuyan ideas suyas. Castillo se habrá aparecido con un trozo de aluminio en forma de T profunda al que los ferreteros llaman «perfil» diciendo que con eso se podía hacer un machete de tres filos. Algo con lo que un cortador de caña produjera el triple de su norma habitual. Tejuca habrá recordado que a su padre, atrecista profesional, tras crear una máscara con plumas para el teatro, lo habían alistado (sin su consentimiento) en el famoso movimiento de innovadores y racionalizadores. A la idea le pusimos «Tarequex 91». 91 por el año que recién empezaba y «Tarequex» porque combinaba la palabra «tareco» con el sufijo «ex», que estaba de moda para indicar algo de calidad superior y, por tanto, exportable.

Yo aportaría el contacto con Enrique Silva, director de las galerías de 23 y L y de la de 23 y 12, a unos cien metros del cementerio. Silva, otrora rey de las galerías de arte de la ciudad (las estatales, que eran las únicas que existían), deseoso de reverdecer sus laureles tras dos o tres tropiezos con la censura, se interesó en el proyecto que le presenté como exposición humorística. Algo ligero, divertido, pensaría. Una exhibición que le ayudara a rehacer su últimamente tormentosa carrera de galerista. (Silva contaba que antes del triunfo de Aquello había sido galerista en Nueva York, pero ninguno de nosotros creía que hubiera existido un tiempo en que los cubanos podían ser galeristas en Nueva York y mucho menos regresar para contarlo.)

Tener un espacio para una exposición que hasta entonces contaba con una única pieza desencadenó nuestra ya notable vocación por el sinsentido. Al machete de tres filos le surgió toda una familia. Con el periódico *Granma* creamos una versión estilizada de su uso más habitual: un rollo de papel sanitario. Con los dedos de un guante de látex hicimos cinco minúsculos condones anunciados de la marca TTD: Todos Tenemos Derecho. Transformamos un viejo teléfono de baquelita en un convertidor de chistes de doble sentido en chistes de un solo sentido. Así contribuíamos a los esfuerzos nacionales por alcanzar una mayor claridad interpretativa en el humor y le facilitábamos la vida a los censores y la gente sin sentido del humor en general. De una sólida barra de acero corrugado hicimos un puntero rústico que, al mismo tiempo que serviría a los profesores para guiar sus explicaciones en el pizarrón, disuadiría a los estudiantes de abandonarse a su libre arbitrio.

Cubrimos una de las ventanas de la galería con una cartulina negra con un orificio en el centro para resaltar las bondades de la luz natural con la que pensábamos sustituir la luz artificial. Colgamos un tubo de plástico del techo en posición inclinada a la altura de la ingle en lo que sería nuestro proyecto de urinario compacto compuesto de una única pieza (el tubo) que simplificaba enormemente su funcionamiento. Castillo, que, como Tejuca, se hallaba en su último año de Ingeniería Civil, trajo el plano de un edificio que de inmediato transformó en el Proyecto de Museo de la Zafra de los Diez Millones, la famosa cosecha azucarera de 1970 que constituía el más sonado fracaso económico de la historia de la isla y que el Gobierno llevaba dos buenas décadas tratando de olvidar.

A medida que iba tomando forma la exposición, se ensombrecía el rostro de nuestro galerista. Silva vería el montaje de Tarequex como Macbeth los árboles del bosque de Birnam avanzando hacia él: como el cumplimiento de una vieja maldición. Los falsos condones hechos con guantes de cirujano lo aterraron: le recordaban una exposición con condones reales que le habían clausurado tiempo antes. «No, condones no, por favor», nos suplicó, y los escondimos sabiendo que en cuanto volviera la espalda los repondríamos en su pedestal.

El día de la inauguración toda La Habana estaba en la galería excepto el director. Exagero. Quizás faltó algún habitante de la ciudad por asomarse a aquella sala. Quizás el director se apareció horas antes de que la galería abriera las puertas. Alarmado, descompuesto, suplicante. A nosotros, jóvenes e irresponsables, no nos importaba que aquel pobre señor perdiera el puesto en el que había trabajado toda su vida. Todo nos parecía divertido en él: su guayabera azul claro, sus referencias a Nueva York, las gotas de sudor corriéndole por la frente y su cuerpo estremecido de miedos.

Le encargamos la inauguración de la exposición a un actor. Un comediante. Flaco, de bigote ralo, con un aire despistado y al mismo tiempo enérgico. Daba el tipo perfecto. Con el puntero rústico, o sea, con la barra de acero corrugado, señalaba los objetos de la exposición y, de paso, amenazaba al público que se aglomeraba tras él. Yo había escrito un texto que debía memorizar y repetir, pero confundió una parte, se le olvidó otra y terminó improvisando un discurso mucho más divertido que el que yo había previsto. Gracias a que estábamos en la misma manzana en la que se ubicaba el principal canal de televisión del país, hice venir a un amigo que trabajaba allí con una cámara para filmar el evento, grabación que nunca conseguí ver y que luego se extravió o fue borrada para grabar algo no menos trivial.

Los visitantes de la exposición parecían divertirse con el juego que les proponíamos. Porque al final no se trataba de vender nada. Ni siquiera vendíamos la idea de que aquello era arte, ese que se consigue extirpándole toda la gracia a un chiste y presentándolo como si fuera la cosa más trascendente del mundo. Apenas aspirábamos a que la gente se riera un rato y, si acaso, pensara un par de minutos más en el absurdo que nos rodeaba.

En los tres primeros días el público asistió en cantidades suficientes como para hacerle decir a la cuidadora de la galería que era la exposición más visitada en los años que llevaba allí. Pero, lo supiéramos o no, la asistencia del público era un componente irrelevante en el juego que constituían las exposiciones de arte en Cuba. Relevante era la reacción de las autoridades. Lo perfecto hubiera sido que se escandalizaran y cerraran la exposición de inmediato. Si algún éxito tuvimos con las autoridades, fue parcial. Vinieron a cerrarnos la expo apenas al cuarto día de inaugurada y ni siquiera mencionaron su contenido. La causa del cierre fue, dijeron, una reparación de plomería del edificio, que curiosamente solo afectaba a la galería. Un arreglo recomendado nada menos que por la Dirección Provincial del Partido Comunista de Cuba.

Castillo y yo nos dirigimos a la sede de la dirección del Partido, como llamábamos cariñosamente al único existente en el país. Estaba apenas en la manzana siguiente de la galería. Fuimos a pedir explicaciones por el cierre, pero no nos las dieron. Ni siquiera nos permitieron entrar. Nadie allí parecía tener nada que ver con la plomería del salón de exposiciones, lo que no dejaba de tener cierta lógica. Castillo, que en su historial personal de desencantos parecía encontrarse en una etapa menos cínica que la mía, se mostraba auténticamente sorprendido, consternado casi.

Aquel chasco no nos disuadió en el futuro cercano de seguir tramando proyectos semejantes. De provocar a los responsables de la plomería del país. Regresaríamos, eso sí, con más experiencia y con más hambre, figurada y literal. Con más alevosía, quiero decir. El único resultado concreto de aquella exposición fue el paso definitivo al retiro de Silva, cuya carrera, vapuleada por anteriores escándalos, no aguantaba uno más. Que fuéramos nosotros, un trío de bromistas ocasionales, los causantes de la jubilación del antiguo rey de las galerías de arte de La Habana y adelantado en Nueva York, hace todo el asunto todavía más lamentable.

Y estaba lo otro que no sabíamos todavía, y era que aquella exposición absurda en apenas unos meses se iba a convertir en tímida premonición de lo que los cubanos llamamos, no sin que se nos estremezca el alma, Período Especial.

Los muertos
no se están quietos

Pasaba mi jornada laboral en el archivo del cementerio, sitio en el que no me veía trabajando el resto de mi vida, pero donde me sentía extrañamente a gusto. Un refugio de la idiotez de Guarina donde, mientras aparentaba hacer algo importante con aquellos libros que contenían los nombres de buena parte de los enterrados en la ciudad en los últimos ciento veinte años, dejaba que mi curiosidad pastara a sus anchas. Una curiosidad malsana, debo decir. Aquellos libros y mapas oxidados me confirmaban una sospecha sugerida por otros libros y papeles viejos o por ciertas inconsistencias de la historia que nos embutían en las clases. Una sospecha simple: aquel régimen había cometido los mismos crímenes de los que acusaba a los que lo antecedieron. Y hasta peores. Porque, a diferencia de los anteriores —aquejados de cierto aire de provisionalidad—, el régimen actual contaba con la Idea, el Orden y el Tiempo. Una Idea tan sublime que ante ella cualquier crimen se volvía pequeño, insignificante; un Orden que le permitía consumar sus fechorías sin dejar apenas huellas visibles; y Tiempo suficiente para que sus crímenes parecieran, no obra de un sistema político, sino de la naturaleza misma. Tiempo para cubrir cada crimen con capas geológicas de amnesia. Allí estaba yo: en el sitio donde se registraba uno de los subproductos más recurrentes de cualquier Historia. Los muertos, claro.

Husmeando en aquellos libros y mapas descubrí toda una zona del cementerio destinada a enterrar residuos de la Historia. «Panteones de administración», los llamaban, y ocupaban una parte considerable del cuartel sureste del cementerio. Llegué a ellos revisando los libros de enterramientos correspondientes a fechas clave, como los días de la famosa invasión de bahía de Cochinos. Días en que se acumulaban muertes por hemorragia interna. Era el código para decir «fusilados». Porque no se trataba de los muertos en combate, sino de prisioneros ejecutados en la capital aprovechando la distracción de batallas que se celebraban a cientos de kilómetros de distancia.

Las fechas clave del régimen anterior también abundaban en muertes por «choque traumático/hemorragia interna», solo que esos muertos aparecían en los libros de Historia, en las tarjas de los monumentos que mis excondiscípulos debían censar, en nombres de fábricas y escuelas. Se los recordaba cada año al celebrarse un nuevo aniversario de su muerte. Estos, en cambio, era como si nunca hubiesen existido. Ni siquiera como clientes del cementerio.

Los panteones de administración eran todos iguales: unas paredes formando un rectángulo pintado de amarillo cubierto con una tapa de granito falso y sin lápida. Sin jardinera o inscripción que indicara quiénes estaban enterrados allí.

De aquellos muertos, el más célebre era un general fusilado el año anterior, supuestamente por narcotráfico. No mucho antes del fusilamiento había sido condecorado como héroe de la república por el mismo Comandante en jefe que lo mandó fusilar. Tanto la condecoración como el juicio fueron televisados. Un juicio excesivamente público en un país donde todo lo importante solía hacerse en secreto. En esos días —distraídos por la enumeración de las toneladas de cocaína enviadas a Estados Unidos y las cajas de *whisky* que le habían encontrado a un coronel que las guardaba para el decimoquinto cumpleaños de su hija— apenas entendimos lo que ocurría, pero, ya entrados de lleno en la crisis, todo se volvió transparente. Se trataba, ni más ni menos, de una lección pública y gratuita dirigida a la plana mayor del Ejército y al resto del país: una advertencia de que, ante los tiempos que se avecinaban, no se toleraría la más mínima veleidad. Que, en caso de error, nadie quedaría a salvo de las represalias. Que no habría hazaña pasada tras la que te pudieras refugiar. Una lección utilísima cuando se estaba a las puertas de la mayor catástrofe que sacudiría la república desde su nacimiento.

Conocía la fecha exacta del fusilamiento y los nombres del general y de sus tres acompañantes al más allá, de modo que no fue difícil dar con sus tumbas. La del general era la única que se hallaba en los «panteones de administración». En medio de aquella estepa de panteones de ejecutados, la suya sobresalía por ser la única a la que habían permitido ponerle una jardinera con una inscripción. No daba demasiados datos. Decía algo así como «A Nenín, de sus familiares».

Por entonces no se registraba la causa de la muerte en los libros de enterramientos, pero en las boletas que guardaba el archivo y que reproducían las actas de defunción, como causa de muerte de los fusilados habían escrito «anemia aguda». En algún momento el tecnicismo que traducía los fusilamientos como «muertes por hemorragia interna» se había trocado por el eufemismo burlón de «anemia aguda». Como si la causa de muerte fuera la falta de hierro en vez del exceso de plomo.

El jefe del archivo, conocedor de todas sus intimidades y secretos, era Jaime, empleado del cementerio desde hacía más de treinta años y una de las cuatro o cinco figuras clave en la necrópolis. Muy blanco, rechoncho, bajo y calvo. Y sudoroso a pesar de que el archivo, por rarísima deferencia a la conservación de los papeles que alojaba, era favorecido por un sistema de aire acondicionado. Jaime estaba entre los pocos justos que —con independencia de su rango oficial— hacían funcionar aquel mundo en medio del caos que era cualquier institución cubana. De los pocos que entendían la función de cada una de las rutinas administrativas que se habían establecido desde siempre. Siendo el jefe del archivo, Jaime vería con recelo cómo un grupo de universitarios ignorantes habían sido asignados, al menos nominalmente, como sus superiores. Amanerado y ceceante, con su consistencia de jabón mojado, hacía gala de un servilismo muy poco creíble. Su socarronería era tan diáfana como la idiotez de Guarina. De ahí lo gracioso que me resultaba que sus órdenes las introdujera con la frase: «Perdone que moleste a quien debo servir».

Complementaba a Jaime en los manejos del archivo Octavio, joven con cuerpo, alma y peinado de viejo, quien a los cinco minutos de conocerlo te hacía saber que alguna injusticia brumosa le había impedido graduarse de la universidad cuando ya estaba en el último año de la carrera. Desde entonces trabajaba en el archivo del cementerio bajo el mando de Jaime, y juntos formaban una extraña pareja que mezclaba dependencia, desprecio, complicidades, zancadillas, pequeñas traiciones e hipocresía y que conseguía un profundo efecto cómico para el que la mirara a distancia. Si Jaime no hacía especial gala de su homosexualidad en aquel mundo de homofobia rampante, tampoco se esforzaba en ocultarla. Supongo que lo consideraría una causa perdida. Octavio, en cambio, pese a un amaneramiento tan pronunciado como el de Jaime, insistía en mencionar a su esposa y a su hija. Todo para que, a sus espaldas, Jaime chasqueara la lengua y se burlara de los esfuerzos de su subordinado.

Una de las pocas cosas que hacía detener la cháchara de ambos era verme hurgar los mapas correspondientes a los panteones de fusilados. Conocían demasiado bien el cementerio y sus zonas prohibidas. Yo intentaba aplacar su alarma insinuando que mi búsqueda se debía a órdenes superiores, no a mi insidiosa curiosidad. Pero ni Jaime ni Octavio eran fáciles de tranquilizar. Tenían buenos motivos. Cierta vez un grupo de disidentes vino a conmemorar un aniversario de la muerte de Pedro Luis Boitel, prisionero político muerto durante una huelga de hambre en 1972. Pidieron la ubicación de la tumba y Jaime se la dio. Todos cayeron presos: Jaime por cumplir con su trabajo y los disidentes por su buena memoria. Desde entonces Jaime, alma de por sí asustadiza, temblaba más de lo común cuando intuía la posibilidad de volver a caer preso por un desliz similar.

No lo culpo.

No era la única manera en que Jaime podía meterse en problemas por cumplir con su trabajo. Podía aparecer una viuda protestando porque Jaime le había dado la dirección de su marido a una amante que no lo dejaba tranquilo ni después de muerto. Hasta el día que la viuda le advirtió que cambiaría a su marido de tumba, pero como le revelara la nueva ubicación a *esa*, iba a tener problemas con *ella*.

No era el mismo terror que infundía la Seguridad del Estado, pero no dejaba de estremecer a Jaime.

No obstante, el entierro más notable realizado en aquellos días tuvo más implicaciones políticas que sentimentales.

Me llamó la atención el cortejo fúnebre. Extrañamente largo cuando ya la gasolina se hacía de rogar. Más extraño aún fue que, al reunirse, los integrantes del cortejo resultaran más bien pocos si se comparaba con lo extensa que había sido la fila de carros. Como si no hubiera viajado más que uno en cada vehículo, todo un desperdicio de combustible.

Al saber el nombre del muerto todo se aclaró: era el ministro del Interior caído en desgracia tras el fusilamiento del general. Lo procesaron en un juicio mucho más sigiloso. Nada de transmisiones por televisión. Si acaso una breve nota oficial en la que se anunciaba la sentencia: veinte años de privación de libertad. Por cargos de corrupción, creo recordar. Trascendía, no obstante, el rumor de que entre los cargos que se le imputaron estaba un viaje a México con una conocida bailarina y especialista en ejercicios aeróbicos. Nuestra Jane Fonda local. Se mencionaba como prueba del delito un video en el que aparecía untándose una crema en el pene para darle mayor prestancia y capacidad sexual. Chismes suculentos para incitar la envidia y alimentar el deseo popular de que fuera castigado. Pero de los veinte años de condena no llegó a cumplir ni dos. La versión oficial atribuía su muerte a un infarto, pero dio lugar a mucha especulación que muriera a los cincuenta y pocos años alguien cuya salud al ingresar en la cárcel parecía perfecta. Ahí estaba su cadáver, rodeado por un puñado de sus fieles. Una —cautelosa— manifestación de desafío. Eso explicaba el contraste entre la larga fila de coches y el número de sus ocupantes. No querrían arriesgar a nadie más que a sí mismos. Tampoco, sospecho, habría muchos que se ofrecieran a acompañarlos.

(La muerte del ministro del Interior confirmó ese sentido de la oportunidad tan común en países de economía planificada. Falleció el 21 de enero de 1991, apenas cuatro días después del inicio de la primera guerra del Golfo, asegurándole a su muerte la mayor discreción posible entre las noticias de los constantes bombardeos norteamericanos a Irak. No sería la única vez que los acontecimientos cubanos se sincronizaran con incursiones norteamericanas en el Medio Oriente. Las detenciones masivas de disidentes cubanos que terminaron siendo conocidas como la Primavera Negra del 2003 coincidieron con el inicio de la llamada segunda guerra del Golfo. Como para que los lectores de noticias en otras partes del mundo tuvieran oportunidad de poner el acontecer cubano en una perspectiva más amplia.)

Bicicletas

Ese apocalipsis que en un rapto de ternura llamaron «Período Especial» iba tomando la forma de un desierto vastísimo sin medios de transporte para atravesarlo. Si acaso autobuses atestados hasta el absurdo por dentro y, sobre todo, por fuera. O a pie. Y en bicicleta. De preferencia chinas, anticuadas y plomizas. Bicicletas sin sistema de cambio de velocidades que aliviara la subida de cuestas. Sin apenas frenos. Con piezas que se iban debilitando en un período más bien breve, aunque no se caracterizaran por su delicadeza. Aun así, aquellas bicicletas chinas se convirtieron en uno de los objetos más codiciados durante aquella agotadora cabalgata a través del Hambre.

En cuestión de meses La Habana se convirtió en el Hanói de veinte años atrás. Enjambres de bicicletas circulando en todas direcciones en una ciudad edificada para otro ritmo, diferente al que le pudieran transmitir un par de piernas al engranaje de aquellos aparatos. Y encima, aquel pavimento tan maltratado que parecía la réplica de un campo de batalla de la Primera Guerra Mundial. Solo faltaban las alambradas. ¡Cuántos muertos hubo entre la legión de ciclistas que al tratar de esquivar un bache eran aplastados por algún camión que circulaba a toda velocidad! Pero cuando al Gobierno le dio por crear carriles para bicicletas empeoró el asunto. Los carriles, separados del resto de la calle por múcuras de concreto sembradas en el asfalto, se convertían, bache tras bache, en encerronas mortales para las bicicletas. Así que era preferible circular por fuera de los carriles, aunque fuera en calles más estrechas que antes.

Encima, La Habana no era Ámsterdam. Era una ciudad, ahora lo descubríamos a golpe de pedal, erizada de colinas. La Habana iba alejándose del mar en pendientes sucesivas a las que apenas prestábamos atención cuando andábamos motorizados, pero que ahora, con el Hambre mordiéndonos los talones, parecían insuperables.

Nada de lo anterior impedía que a la menor distracción te robaran la bicicleta. No encadenarla cada vez que te alejabas unos metros de ella equivalía automáticamente a perderla. Pero ningún candado, cadena o grillete era suficiente para defenderla durante las dos horas que duraba una película o un concierto. En esos casos, la única manera de protegerla era dejarla en casa de algún amigo que viviese cerca del cine o el teatro. ¡Cuántas amistades no resultaron reforzadas por ese servicio! Con el tiempo, florecieron parqueos de bicicletas en las zonas más céntricas de la ciudad, pero seguía siendo más seguro subir la bicicleta dos o tres pisos hasta el apartamento del amigo o amiga, y ya al regreso podías quedarte un rato conversando y comentarle qué tal estaba el espectáculo en cuestión.

Gracias, Ana María. Gracias, Maribel. Gracias, Joaquín.

A veces los ladrones se desesperaban, los pobres, y no aguardaban a que te bajaras de la bicicleta para robártela. Lo intentaban cuando todavía estabas encima de ella, pedaleando por una calle oscura. De ahí la costumbre por parte de los ciclistas de hacerse acompañar de un machete. De día, el machete era más o menos opcional, pero de noche, principalmente cuando se atravesaban barrios marginales —que en La Habana de los noventa llegaron a ser casi todos—, se hacía obligatorio. Una noche, a la salida de una fiesta, viendo que me faltaba el machete, los anfitriones me obligaron a cargar con un trozo del cintillo lateral de un Chevrolet de 1953 que, niquelado como era, fingía en la oscuridad el brillo de una espada.

Se hablaba incluso de emboscadas más o menos sofisticadas que podían incluir un cable extendido a lo ancho de una calle, a la altura del cuello de los ciclistas, con vistas a derribarlos y librarlos de su cabalgadura. Se hablaba hasta de ciclistas cazados a arponazos con fusiles de pesca submarina, pero lo atribuyo al deseo que teníamos en aquella época oscura de crear, creer y transmitir leyendas de cualquier tipo. Nunca me asaltaron. Sí fui testigo de un asalto, pero para ese entonces los asaltados andaban más preparados que los asaltantes, quienes se llevaron, con mucho, la peor parte.

La primera bicicleta que tuve, china, me la vendieron en el cementerio. Las ventas en las diferentes instituciones o empresas las hacía el propio Gobierno, preocupado por que sus empleados tuvieran medios para ir a trabajar, y en aquella época casi toda Cuba seguía siendo empleada del Estado. Ese primer modelo que compré era ligero, si se lo compara con otros, afirmación difícil de sostener luego de cargarlo escaleras arriba un par de pisos. No parecía que los chinos anduvieran cortos de acero. Incluso el sistema de frenos estaba compuesto por varillas de acero, lo que no le impedía ser perfectamente ineficaz frente a la lluvia o el paso del tiempo. Llegaba el punto en que la única manera de frenar aquellas bicicletas impulsadas por su inercia de acero era presionando la suela del zapato directamente contra la rueda delantera, aunque con resultados más bien pobres: si la suela del zapato no era lo bastante sólida, iba a terminar bañando tu cara con un chorro de virutas de plástico. Mucho más seguro era, en caso de peligro, encomendarte a tu deidad favorita o a un golpe de timón.

La siguiente bicicleta que tuve era de producción nacional, detalle que me ayudó a tomarle aprecio a las bicicletas chinas. La cubana tenía las ruedas más gruesas y, por tanto, una amortiguación algo mejor. Allí terminaban sus virtudes. La calidad de los materiales que la componían era tan desigual que sufría las roturas más estrambóticas. Un principio seguido por los fabricantes de bicicletas del universo establece que, dondequiera que en-

tren en tensión dos piezas, la menor resistencia debe co-
rresponder a aquella que sea más fácil de reemplazar. Pues
con la bicicleta nacional ocurría exactamente lo contrario.
Al trabarse el freno delantero, sus componentes se mantenían intactos, mientras que el tenedor que sostenía la rueda delantera cedía hasta convertirse en un guiñapo. Tal
percance podía ocurrirte, como me ocurrió a mí, en la
avenida más transitada de la ciudad, que, por suerte, no lo
era tanto.

(Tiempo después de escribir el párrafo anterior me encontraba en una fiesta en algún lugar de Nueva Jersey
y descubrí entre sus asistentes nada menos que al diseñador de aquel instrumento de tortura que fue mi bicicleta
cubana. Se defendió con aplomo: los defectos de su bicicleta no provenían del diseño, sino de los materiales infames con que era fabricada. Le pregunté si alguna vez había usado aquel modelo y me respondió que tuvo una,
pero que, para moverse en medio del Hambre, prefería su
viejo carro americano.)

Accidentes tuve pocos. El peor fue un choque bastante
aparatoso contra un Lada ruso del que apenas salí con una
llanta abollada. Tuve suerte de que el chofer de aquella
joya de la tecnología soviética anduviera a una velocidad
discreta. Porque en una ciudad con cada vez menos vehículos motorizados, los pocos que conseguían gasolina
solían manejar como si quisieran aprovechar toda la velocidad desperdiciada en los motores varados por falta de
combustible. Como si estuvieran a la caza de los ciclistas

que convertían la ciudad que alguna vez fue moderna en eternidad asiática. Veía a aquellos privilegiados atravesar la noche, compitiendo entre sí por avenidas solitarias y, ocasionalmente, haciendo saltar por los aires a un ciclista cansado que tuvo la mala idea de cruzar la calle con la luz que le correspondía. Los policías, perplejos, no hacían ademán de perseguirlos: si los corredores se daban el lujo de gastar la gasolina con tal desparpajo, casi seguro pertenecerían a la casta de los intocables.

Yo vivía con Cleo en La Víbora, en una de las colinas que dominan la ciudad. La loma del Mazo era una colina discreta excepto si se trataba de subirla en una bicicleta con escasa vocación por el alpinismo. Al salir de casa, recorría los primeros dos kilómetros apenas sin pedalear, a puro golpe de inercia. Eso sí, mientras me deslizaba loma abajo debía rogarle al Altísimo no cruzarme con uno de aquellos camiones monstruosos reconvertidos en autobuses que llamaban «camellos». Que los camellos y yo nunca coincidiéramos al mismo tiempo en aquella intersección fue uno de esos milagros cotidianos que me permitió salir vivo de aquellos años. El regreso era más complicado. Subir la loma con Cleo sentada a la grupa de mi bicicleta, luego de todo un día de trabajo y hambre, me superaba y siempre terminábamos haciéndolo a pie.

A veces ni siquiera era Cleo. A veces era un amigo o una amiga que necesitaba que lo adelantaras hasta algún sitio. O un desconocido o una desconocida que te pedía un aventón. Como aquella señora que me dijo mientras la conducía por la calle Zanja: «Yo no sé a dónde irá a parar la hombría de tanto muchacho joven. Porque está comprobado que la presión que hace el sillín sobre los testículos genera impotencia». Así, sin compadecerse de que yo estuviera poniendo en juego el futuro de mi vida sexual por adelantarla un par de kilómetros.

Si el hambre no ayudaba a aquel pedaleo incesante en que se habían convertido nuestras vidas, el alcohol tampoco. Lo único bueno del alcohol era su escasez. Porque la combinación de hambre, alcohol y bicicleta podía ser mortal. Apenas un par de tragos en condiciones que se definen científicamente como «falta de caldero» te dejaban seriamente incapacitado para regresar a casa por calles donde campaban asaltantes y choferes en perfecto estado de salvajismo. Sobraba cualquier llamado a la prudencia. Por mero instinto de supervivencia intentaba evitar el alcohol, pero había situaciones irresistibles. Como salir del trabajo y encontrarte mansita, una pipa de cerveza rodeada apenas por unas pocas decenas de personas.

La (nueva) escuela

No estaba dispuesto a pasarme la vida en el cementerio. Sobre todo luego de tener una idea más exacta del carácter de Guarina, de sus delirios de grandeza y de la poca capacidad que tenía para respaldarlos. Pero, Guarina aparte, me sentía comprometido con la misión que me impuse una vez licenciado en Historia de Cuba: enseñarles a las nuevas generaciones la Verdadera Historia de la Nación (sí, todo con mayúsculas) y no ese sucedáneo que me habían suministrado a mi paso por la escuela. Muchos apoyaban aquel Gobierno, pensaba yo, porque desde pequeños les habían rellenado la cabeza con ideas falsas sobre su pasado. Bastaría con que les dijera unas cuantas verdades para que supieran que su vida no estaba condenada a ser como era y se decidieran por un cambio. Como en las telenovelas, cuando la criada descubre que es hija del dueño de la hacienda y legítima heredera de todos sus bienes.

Para que mi plan funcionara debía elegir el nivel correcto, la escuela correcta. No una escuela primaria o secundaria donde a los estudiantes les faltaría madurez para entender la verdad que quería compartir con ellos. El nivel preuniversitario era el más apropiado para que, antes de iniciar el proceso de convertirse en ingenieros, licenciados y doctores, tuvieran alguna noción de lo que había ocurrido en el país antes de que nacieran. De ser posible, enseñaría en el mismo preuniversitario en el que yo mismo había estudiado y que pasaba por ser el más prestigioso del país y, por tanto, el encargado de formar a sus élites.

(Téngase en cuenta ese detalle: cuando ya se iniciaba la mayor debacle en tiempo de paz de la historia del país, yo me empeñaba en llevar adelante mi sueño de alfabetización histórica. No me costaría reconocerme el tipo más idiota de aquella isla, pero es mejor que sea humilde: en eso no me diferenciaba de muchos de mis compatriotas. Ante la inminencia del desastre, ante sus innumerables señales, no tomamos ninguna medida para aminorar el impacto o hasta para sacarle partido: reunir artículos que pronto echaríamos en falta y elucubrar negocios que nos permitieran sobrevivir a la calamidad que se avecinaba. Los cubanos hacíamos lo mismo que el resto de los pueblos en los preámbulos de una catástrofe: confiábamos en que algún milagro disolvería la amenaza y no se cumplirían los vaticinios más pesimistas. Pero ni siquiera los pesimistas tuvieron razón. Tampoco los que anunciaban eso que los periodistas extranjeros acuñaron como «baño de sangre». Por no haber, ni sangre hubo. La sangre no corrió o corrió en cantidades mucho menores a las previstas y seguimos más o menos igual que al principio: cocinándonos al fuego lento de nuestras penurias cotidianas.)

Una mañana, a inicios de 1991, fui a la Escuela Vocacional Lenin a buscar trabajo. Pero la mala suerte me acompañó desde el mismo inicio del viaje. Nada más subir al autobús me encontré a un antiguo condiscípulo. Tin Tan, le decían. Sonrisa amplia de payaso, bigote fino y recto. El tipo que en la escuela se hacía perdonar las cojeras de su intelecto prestándose a toda clase de servicios y a ocasionales bajezas. No todo es mala suerte. También cometí errores fatales. Primero, definitivo error: decirle a dónde iba y a lo que iba. «Estás de suerte», me anunció Tin Tan, para casi enseguida demostrar lo contrario. Trabajaba como oficial para la Seguridad del Estado. Precisamente era él quien se encargaba de supervisar una mitad del Parque Lenin y toda la escuela donde habíamos estudiado. De «atenderla», según su propio léxico. Si quería dar clases allí, solo tenía que hablar con él. Como si no estuviéramos hablando en esos momentos. Entendí. Me pedía que entrara a trabajar en la escuela no como profesor, sino como un informante suyo que hiciera las veces de profesor.

«No, gracias. Ya hablaré en la escuela a ver qué me dicen.»

Me dijeron que no. Que no necesitaban profesores. Pese a que unos minutos antes Tin Tan me había propuesto trabajar en ese mismo sitio.

Insistí en otras escuelas, pero en ninguna necesitaban profesores. De haber esperado un par de años, podría haber dado clases donde quisiese. Para ese entonces el Hambre se había adueñado de la isla por completo y los profesores huían de las escuelas como si estuvieran tomadas por terroristas. El sueldo que les pagaban al mes apenas les alcanzaba para alimentarse malamente diez días. Pero dos años más tarde, mi fe en la utilidad de enseñar Historia en aquel país la había gastado en mi primera experiencia como educador.

Solo pude encontrar un puesto de profesor de Historia en una escuela de gastronomía y comercio. No era exactamente el instituto preuniversitario que buscaba, pero al menos habría muchachos de una edad y una madurez equivalentes. Eso pensé. Otro magnífico ejemplo de mi poco sentido de la oportunidad. De mi pésimo *timing*. En muy poco tiempo la escuela sería una de las más apetecidas de la ciudad como proveedora de empleados para la única industria que floreció en los peores años del Hambre: la turística. Años en que los muchachos que antes aspiraban a convertirse en cibernéticos, ingenieros o doctores soñarían con convertirse en camareros o recepcionistas de hotel y entrarían en la escuela como se entra en la gloria. Cuando di clases, la escuela era todavía el purgatorio de los que no conseguían entrar en la universidad. Eso me anunciaba el tono aterrorizado de Elvira, la amiga de mi madre que me consiguió el puesto. Porque todavía para hacerse con la plaza más nimia en el sistema educativo había que contar con alguna ayuda. «¿Estás seguro de que eso es lo que quieres hacer?», me preguntó Elvira, ofreciéndome una última oportunidad de arrepentirme. Como si en vez de enviarme a dar clases a una escuela estuviera cumpliendo los protocolos de un suicidio asistido. Le contesté que sí, en el tono más seguro de que disponía en una época en que estaba convencido de todo lo que hacía.

Fue la última vez que vi a Elvira. Porque la que se suicidó, en sentido literal, fue ella. Con fuego, como estilan las cubanas desesperadas. No conozco bien sus razones, pero asumo que ninguna de ellas fue haberme enviado a ese sitio infernal.

Esto es una pipa
(de cerveza)

Los que conozcan esa institución cubana conocida como «pipa de cerveza» perdónenme una breve digresión. Resulta que, en algún momento posterior al glorioso triunfo de Aquello, la falta de botellas decidió a las autoridades a prescindir de los bares cuando se trataba de la noble misión de distribuir la cerveza al pueblo. Se despachaba un camión cisterna relleno con cerveza al carnaval o fiesta popular de turno para venderla en vasos de papel parafinado. Cuando tales vasos pasaron a ser rezago del pasado, se empezó a servir el preciado líquido en cualquier recipiente que consiguieran los consumidores: desde cubos hasta palanganas.

Con el tiempo, las autoridades descubrieron que podían prescindir del pretexto de las fiestas populares. Los camiones cisterna, las famosas pipas, eran la fiesta en sí misma. Se bastaban para alborozar el barrio, sacarlo de su obstine habitual, y para que, una vez desembarcada la pipa, no hubiese otro tema de conversación que dónde encontrar más recipientes. En un país tan musical, cuando la pipa hacía acto de presencia, sobraba hasta la música. La pipa bastaba para que los vecinos del barrio se arremolinaran en torno suyo y terminaran apuñalándose como consecuencia inevitable de tanta fricción y desespero, tal y como ocurría en los carnavales.

El florecimiento de las pipas dio lugar, dicho sea de paso, al enaltecimiento épico de la figura del pipero. Tal personaje que no solo poseía la potestad de abrir y cerrar el conducto del que emanaba el líquido, sino también la de engendrar leyendas que a veces adquirían forma de maledicencia y difamación. Decíase que los piperos se quedaban con parte de la cerveza para venderla por su cuenta al tiempo que rellenaban la pipa de agua mezclada con detergente. Lo que se perdía en alcohol era compensado con la espuma. Eso explicaba dos extraños fenómenos. Uno era el enriquecimiento de la práctica totalidad de aquellos piperos, evidenciado en la conversión de sus modestas casitas en el equivalente socialista de un palacio ducal. El otro fenómeno engendrado por la falsificación del líquido original eran los dolores de cabeza y las cagaleras que causaba su ingestión. Pero, adulterada o no, la cerveza de pipa seguía siendo el espumeante objeto del deseo nacional.

Para reforzar su magia, las apariciones de la pipa eran tan raras e impredecibles como las de la Virgen María. Lo mismo aparecían para animar una fecha patria que para sofocar una revuelta. El motivo era lo de menos. Dondequiera que se presentara la pipa se convertía en el centro del universo. Nadie la esperaba, pero una vez que se materializaba su presencia, todos sabían cómo reaccionar: echando mano al mayor recipiente más o menos limpio que pudiera encontrarse y marchando con toda celeridad a engrosar las turbas que la asediaban.

Algunos, más sabios o más impacientes, iban sobre seguro. Se apostaban a la salida de la fábrica de cerveza con bicicletas y cubos de plástico para perseguir a la pipa adondequiera que esta se dirigiera.

El programador de los viajes de aquella pipa debía sentirse como un dios generoso repartiendo sus bendiciones por la ciudad en forma de cerveza adulterada con agua y detergente.

«La arcilla de nuestra obra»

La escuela de gastronomía y comercio a la que fui a enseñar Historia de Cuba era, en efecto, un infierno. No se trataba de que a aquellos aprendices de camarero no les interesara el pasado de su país. O de que la jefa de la Cátedra de Historia fuera poco menos que analfabeta. Era el desastre de todo el país concentrado en cientos de adolescentes hambrientos sometidos a un coctel de hormonas, desnutrición y falta de perspectivas que los tenía más desquiciados que al adolescente medio. A las pocas semanas de dar clases comprendí que mi deseo de interesarlos en mis descubrimientos sobre el pasado patrio tenía muy poco que ver con su realidad. Conseguir que estuviesen sentados durante el turno de clases sin que empezaran a pelear por cualquier motivo, sin que intentaran desafiarte y sacarte de quicio, ya era una hazaña. Y cuando lo conseguías, te llamaban desde otra clase para intervenir en la pelea que le había estallado en la cara a otra profesora. Porque la mayoría del profesorado en aquella escuela estaba compuesta por mujeres y, cuando dos estudiantes empuñaban tubos de aluminio como medio para saldar sus diferencias, era el profesor más cercano el encargado de evitar que corriera la sangre. Unas cuantas veces el profesor más cercano fui yo.

«Esto es un tecnológico», me decían, como si lo explicara todo. «Tecnológico», palabra temible en Cuba. El destino de los parias del sistema educativo. Marginales, predelincuentes. Aprendices de matón y de prostituta, decían. Encontré mucha gente buena. Muchachos que trataban de sobrevivir a aquel ambiente más o menos intactos. De ellos tengo un buen recuerdo. No del ambiente. Un ambiente empaquetado por un abuelo del reguetón, el *dembow* panameño, con El General como su único profeta. «Tu pum pum mami, mami, no me va a matar» sonando hasta el infinito. Ahora El General parece Mozart, pero en aquellos días su música era la banda sonora de la debacle. La barbarie avanzando sobre la civilización, anunciando su fin. A esos muchachos que no creían en nada, ¿qué podía decirles yo de la Historia? ¿Acaso estaban preparados para sutilezas tales como que los comunistas, encarnación universal del bien, alguna vez le habían dado su apoyo a Batista, la encarnación cubana del mal, cuando ni siquiera estaban seguros de tener qué comer ese día? «La arcilla fundamental de nuestra obra es la juventud» era una frase del Che Guevara que se asomaba por todas partes: en carteles, murales y paredes despellejadas, ubicua como la publicidad de los refrescos en el capitalismo, con la diferencia de que lo que anunciaba no existía. Nada a lo que llamarle «nuestra obra». Todo lo que se ofrecía era la inercia de una larga caravana zombi hacia ninguna parte.

«Las lacras.» Era lo que debía enseñarles a mis estudiantes, según la jefa de cátedra. Enumerarles una y otra vez los vicios del antiguo régimen, derrocado por la Revolución. Insistirles en su perversidad infinita. Hablarles de hambre, miseria y prostitución. Pero que parecieran palabras solo eficaces para describir el pasado, sin ningún nexo con el presente. Por eso la fórmula mágica: «lacras». Palabra exótica para el escueto vocabulario de mis estudiantes. Debía machacarles las lacras una y otra vez en las clases porque irían a la prueba. Para acordarse apenas tenían que mirar en derredor, pero aun así a los muchachos les costaba trabajo aprenderse las dichosas lacras. Los entiendo. Eran palabras destinadas a describir algo que no les importaba: el pasado. La única relación que podían mantener las palabras con el presente —cualquier palabra— era de maquillaje y encubrimiento.

Así y todo, lo intenté. Les contaba lo que Martí pensaba del socialismo: una nueva forma de esclavitud en la que una casta de funcionarios se apropiaría del Estado y desde él controlaría la vida de todos. Les hablé de la fea historia de los comunistas locales ejecutando a sus propios disidentes y pactando con sus supuestos enemigos. (Cuando un estudiante me denunció ante la Unión de Jóvenes Comunistas me hice el desentendido y no siguieron averiguando: ellos también estaban demasiado ocupados buscando qué comer, supongo.) Una tarde me llevé a un grupo de estudiantes al cementerio para mostrarles un poco de Historia acumulada en aquellas tumbas. Algunos parecieron interesados. O al menos apenados por mi esfuerzo en interesarlos por algo irrelevante para ellos.

Pero la infelicidad de la escuela no se limitaba a su miseria espiritual. También estaba la hecatombe física. Un ejemplo: ante la carencia de espacio, habían decidido convertir antiguos dormitorios en aulas. Salones demasiado grandes donde conseguir que los estudiantes te prestaran atención resultaba más utópico de lo habitual. Más si se tiene en cuenta que los baños adyacentes a los antiguos dormitorios estaban cubiertos de mierda. Literalmente. Mierda rebosando los inodoros, cubriendo las paredes y hasta el techo. Plastas de mierda seca que todavía tenían adheridos los trozos de periódicos con los que las habían incrustado en la pared. Capillas sixtinas de detritus. Y mierda no tan seca que hedía más incluso. El hedor estaba a la altura del aspecto: era insoportable. O eso pensábamos hasta el día en que una de las encargadas de la limpieza encontró una solución que seguramente creyó genial: recoger aquella argamasa de papeles y mierda, meterla en latones de basura y prenderles fuego. Tuve que rendirme. Ante la nube de humo de mierda quemada que se extendió primero por los baños y luego por los salones de clase, tuve que suspender la lección.

Apenas duré un año en aquella escuela.

Así y todo, me parece demasiado tiempo.

El paraíso a la vuelta
de la esquina

Imagínate que un día, al salir de la escuela, te encuentras una pipa de cerveza. Como si el Santo Grial viniera de la nada a aterrizar en tus manos. No exactamente en tus manos, porque quien dice «pipa» dice «multitud arremolinada en derredor, cubos y palanganas en ristre, reclamando lo que sienten que es suyo, interponiéndose entre la cerveza y tú». Imagínate entonces que descubres, coronando aquella composición ya adelantada por Pieter Brueghel el Viejo, a un primo. En mi caso fue mi primo Mariano. Aunque, si lo pienso bien, no debió sorprenderme encontrar a Mariano encaramado en la pipa. La naturaleza de mi primo precisamente estriba en multiplicarse a mi paso por el mundo para encontrármelo lo mismo en un teatro en La Habana que en una plaza de Valencia o en un bar de Madrid. Sin previo acuerdo. De todas las apariciones de Mariano, fue esta, con diferencia, la más providencial.

Entre sus tantos avatares felices, esa tarde Mariano era la mano derecha del amo y señor de aquella muchedumbre: el chofer de la pipa. Siendo Mariano primo mío (primo descubierto no hacía mucho gracias a que nuestros padres no se hablaban desde antes de que naciéramos), aquello significaba que tendría acceso a toda la cerveza que yo quisiera. Así me lo dio a entender en cuanto me vio en medio de aquellos seres vociferantes. Su gesto al reconocerme decía claramente «ven, oh, primo, por entre los cananeos, los hititas, los amorreos y los jebuseos hasta esta pipa de la que mana cerveza en abundancia y saciaré tu infinita sed». Y, en efecto, llegué hasta mi primo y bebí en abundancia de toda aquella mezcla de cerveza, agua y detergente. Aun así, no creo que fuera mucho. En tiempos de hambre no se necesita mucho alcohol para emborracharse. Por adulterado que esté. Un par de tragos caen en el cuerpo como un chutazo de heroína. La memoria se borra y el tiempo avanza a saltos. Había salido de la escuela a mediodía y cuando me despedí de Mariano ya oscurecía.

Luego apenas recuerdo flases de pedaleo deslumbrado por los faros de los autobuses que bajaban a toda velocidad por la calle 70. De milagro no engrosé las crecientes estadísticas por accidentes ciclísticos de aquellos años, estadísticas que, para nuestro sosiego, nunca se publicaban.

Ese incidente pudo alertarme de una vez por todas sobre los peligros de montar en bicicleta borracho, pero eso supondría una capacidad de aprendizaje muy superior a la que poseo. No fue la última vez que mezclé en cantidades casi mortales pedales y alcohol. La peor fue años más tarde a la salida de una fiesta en Fontanar, con Cleo.

Una fiesta en una casa con piscina llena de agua, relleno no menos insólito en aquellos días que el champán. El menú de la fiesta, en cambio, era más acorde con la época. De comer: un *cake*. De beber: alcohol de noventa grados, del que usan en los hospitales como desinfectante. Eso era todo. Azúcar y alcohol casi puros, valga la redundancia. La mezcla perfecta para emborracharte antes de que te des cuenta. Perdí contacto con la realidad a eso de las tres o las cuatro de la tarde, en plena piscina. Así que a la mañana siguiente cuando desperté en mi cama tuve que pedirle detalles a Cleo, mi caja negra del día anterior.

Según el recuento de Cleo, al salir de la piscina me puse a jugar al dominó, con tan buena suerte que gané una partida tras otra. «Soy un cabrón de la vida», me contó que gritaba al celebrar mis victorias. Supongo que de pura sorpresa. Luego, obré el prodigio de recorrer unos cinco kilómetros montado en la bicicleta sin caerme. Un prodigio amenazado por el zigzagueo con que, de acuerdo con el relato de Cleo, recorrí el camino de regreso a casa. No solo era el zigzagueo. Según Cleo, tuvo que impedir que me acostara a dormir en cuanto trozo de césped se me aparecía delante. También me contó de mi insistencia de pasar por casa de René, un amigo al que nunca había visitado. No me sorprende. Ya se sabe lo cariñosos que nos ponemos los borrachos.

Breve curso para entender
el hambre

Una de las primeras cosas que el hambre te ayuda a conocer mejor es tu propio cuerpo. Más si es un cuerpo joven cuya mayor virtud es precisamente esta: existir sin hacerse sentir, dando su funcionamiento por descontado. Con el hambre se descubre cómo funciona tu cuerpo sin la interferencia de los nutrientes. Un estómago vacío es como un laboratorio en condiciones asépticas y controladas para que los experimentos logren resultados fiables y puedas comprobar por ti mismo la capacidad que tiene cada alimento de saciarte, la duración exacta de sus efectos. No tienes que leer a la experta en nutrición de ninguna revista.

Si la lees, es para confirmar lo que ya sabes.

Descubres, por ejemplo, que la papa apenas calma el hambre por un par de horas.

Y el maíz, algo parecido. Por lleno que te sientas al principio, el efecto se disuelve casi enseguida y, si no lo acompañas con algo más, el hambre vuelve por sus fueros al poco rato.

El arroz, en cambio, dura un poco más. Unas cuatro horas.

O un buen pan. De harina de verdad. Pero ese apenas se consigue. El pobrecito pan que compras cada día está hecho con harina de boniato. Si solo le ofreces carbohidratos, el estómago vuelve a encogerse a media tarde, a contraerse, a doblarte de dolor pidiendo lo suyo.

La proteína es otra cosa. Aunque sea vegetal. Una buena frijolada te hace cruzar la distancia entre una comida y otra sin problemas. Si comes una sopa de col o de nabos, te quedas igual que cuando te sentaste cuchara en mano, y la única constancia que conservas de que comiste es que ahora el plato está vacío.

Y la carne, claro. La carne, si es de res, te produce una llenura incomparable, rotunda. Pero la carne entra en la categoría de las sustancias míticas, sobrenaturales. En esos cinco años, que yo recuerde, comí carne de vaca una sola vez.

Téngase en cuenta, además, que cada cubano tiene una familia adicional que alimentar. Una familia de parásitos, quiero decir. Nacida de la mezcla del fecundo calor del trópico con el agua sin filtrar. Entonces se comprende que en realidad el laboratorio del estómago no ofrece resultados tan fiables.

A las virtudes nutritivas de cada alimento debe sumársele —o restársele— la voracidad de la *Escherichia coli* y la *Giardia lamblia*.

Supongo que el efecto de los parásitos funciona para todos los alimentos por igual. Así que la capacidad de cualquiera de ellos para saciarnos no variará respecto al resto, aunque los parásitos terminen añadiéndoles a todos unos cuantos minutos de hambre.

La escuela queda atrás

Hasta mis últimos días en la escuela estuve empeñado en que mis estudiantes conocieran la Historia más allá de las supersticiones que los habían obligado a aprender durante años. Insistía en que vieran alguna conexión entre ese pasado y lo que estaba ocurriendo delante de sus narices. Más allá de las nubes de humo de papel quemado con olor a mierda.

Pero nada.

Solo una vez parecieron interesados en contradecir la versión oficial de los hechos. Fue un día en que tuve que demorar el inicio de la clase para que la secretaria de la Unión de Jóvenes Comunistas recogiera los nombres de los que estaban dispuestos a ir a trabajar gratis para el Gobierno en la agricultura. En la clase tocaba hablar sobre los primeros tiempos de la Revolución. Mencioné a Camilo Cienfuegos, el jefe del ejército de Fidel, el comandante muerto en un accidente de aviación.

—No fue un accidente, profe. Fidel lo mandó a matar. Eso lo sabe todo el mundo.

Todos los estudiantes asintieron. Incluso la representante de la Unión de Jóvenes Comunistas que había estado recogiendo nombres. Era una vieja teoría conspirativa que circulaba clandestinamente en la isla desde la desaparición de Camilo treinta y dos años atrás. Lo asombroso era la tranquilidad con que la aceptaban.

—Entonces, ¿están convencidos de que Fidel mandó a matar a quien decía que era su mejor amigo y aun así van a trabajar gratis para un asesino?

Me miraron como si no me entendieran. Como si no vieran ninguna relación entre dos hechos tan distantes en el tiempo. Me observaban, supongo, con perplejidad y hasta con un poco de lástima.

Fue entonces cuando comprendí que no me quedaba nada por hacer en esa escuela. Que debía asumir de una buena vez que aquellos muchachos y yo pertenecíamos a universos distintos, incapaces de comunicarse entre sí.

Y decidí, ya que no me quedaba nada que enseñarles, escapar de aquella trampa en la que tan voluntariamente me había metido. Se aproximaba el momento en que estudiantes y profesores viajarían al campo a trabajar en la agricultura durante mes y medio. Nunca le he tenido miedo a trabajar en el campo. A lo que no estaba dispuesto era a pasarme cuarenta y cinco días mediando en peleas entre adolescentes que esta vez tendrían a su alcance machetes y azadones.

Así que me busqué un par de muletas y con ellas aparecí cojeando en la escuela. Llevaba un certificado falso que declaraba que me había hecho un esguince. Sospecho que ni el director ni la jefa de cátedra me creyeron, pero no me importaba. Tenía cuarenta y cinco días para conseguir otro trabajo antes de que la escuela regresara de la agricultura.

Knut Hamsun

El hambre del Período Especial no era un hambre Knut Hamsun, ese noruego al que le dieron el Premio Nobel por contar, entre otras cosas, su existencia con el estómago vacío. La nuestra no era hambre de andar por la ciudad rodeado de gente más o menos satisfecha, viendo embutidos a través del cristal de las carnicerías o pasteles de crema a través del cristal de las dulcerías. No era una asquerosa hambre capitalista. No, señor. Era la pulcra, organizada e igualitaria hambre socialista. Te ahorraban el espectáculo de los embutidos, de los señores sentados en un café, tomando chocolate caliente con bizcochos mientras se te caía la baba de puro anhelo. Todos pasábamos hambre por igual. El único lugar donde veíamos manjares suculentos era en alguna película que habían programado por descuido o alevosía. O en la mesa de algún restaurante para turistas, pero en ese caso debíamos entenderlo: los turistas venían de otro mundo, un mundo con mucha menos capacidad para el sacrificio, carente de principios que defender a golpe de ascetismo. Los turistas venían —como nos explicara el gran líder— a dejarnos las divisas con las que comprábamos la leche en polvo capitalista para los niños ahora que nuestras vacas ya no tenían pienso socialista que consumir.

La palabra «socialista» andaba por todos lados. Como una plancha de metal con la que tapar las goteras que inundaban nuestra realidad. Se hablaba de la democracia socialista, de la economía socialista, de la cultura socialista, pero —curiosamente— ningún dirigente habló nunca del hambre socialista, aunque eso es lo que era.

Ayunar sincronizadamente para luego comer la misma mierda. Papas si eran papas lo que tocaba. Coles si coles. Nabos. Una o dos cosas a la vez. Más de dos sería incurrir en un despilfarro inadmisible.

Recuerdo la noche en que fui a un concierto tras zamparme unos chícharos. Los chícharos solos, sin nada que mejore su sabor, luego de unas cuantas tandas pueden ser el alimento más asqueroso de la Tierra. Llevábamos comiendo aquellos chícharos desde la infancia. El concierto era en un teatro elegante al que un millonario del antiguo régimen le había puesto el nombre de su primera esposa y al que Aquello rebautizó con el del fundador del marxismo. No recuerdo siquiera de quién era el concierto. Sí recuerdo ir al baño y ver, cubriendo la blanquísima cerámica del lavamanos, los mismos chícharos que yo había comido horas antes. Vomitados por un estómago más débil y sensible que el mío.

Imposible no sentirse en ese momento en sincronía con el universo subalimentado que componíamos los asistentes al teatro junto con el resto del país.

El hambre como experiencia colectiva, coral, no como síntoma de la explotación capitalista.

No obstante, ciertos detalles venían a romper ese cuadro de unanimidad en la penuria.

El primero de ellos era la conciencia de que los dirigentes que no dejaban de hacer llamados a la resistencia, la austeridad y el sacrificio, estaban mucho mejor alimentados que nosotros. Bastaba comprobar en las pantallas de nuestros televisores cómo conservaban el aspecto rozagante de siempre. Nada de pómulos hundidos, ojeras haciendo surcos bajo los ojos, ropa colgando del cuerpo como de un espantapájaros. Nada que nos recordara a nosotros mismos.

Continuamente circulaban historias que venían a confirmar nuestras sospechas. Como la de aquel famoso héroe revolucionario, antiguo campesino de la Sierra Maestra, al que, como botín de conquistador, le otorgaron una casona en Nuevo Vedado, uno de los barrios más exclusivos de la ciudad. En aquella casona había un patio, y en el patio, unos perros. Se contaba que el antiguo campesino, el tal Universo Sánchez, alimentaba a sus perros con aquella carne de vaca apenas recordada por el resto de nosotros. La misma carne por la que, si te agarraban con un par de libras, podías pasar años en la cárcel. Con esa carne Universo alimentaba a sus perros para ultraje de nuestra sagrada hambre.

La historia no terminaba ahí. Se contaba que un vecino denunció tal afrenta a los estómagos nacionales ante alguna autoridad competente. Antes de que la autoridad competente pudiese reaccionar, Universo, indignado por la denuncia, le pegó tres tiros al vecino, matándolo en el acto. Y que, claro, nadie se atrevió a molestar a Universo.

Cuando te lo contaban no quedaba claro qué era más indignante: el asesinato, la impunidad de Universo o que sus perros se alimentaran mejor que nosotros.

La historia no terminaba ahí.

Universo tenía una fama temible, incluso antes de matar al vecino. Se contaba que el policía encargado de su caso no se decidía a proceder contra él y habló con su jefe. Su jefe, a su vez, no supo qué hacer con Universo y habló con el ministro del Interior, antiguo compañero de armas del asesino. Este pensó que quizás el asesino debía ser arrestado, pero se preguntó: «¿Quién se lo dice a Universo?».

Así que se dirigió nada menos que a Raúl Castro, jefe de las Fuerzas Armadas y entonces segundo al mando de la nomenclatura del país, y este le respondió con la misma pregunta: «¿Quién se lo dice a Universo?».

Y se cuenta que Raúl Castro se dirigió a su hermano y máximo representante de la nación, quien a su vez estuvo de acuerdo con que estaba mal andar matando vecinos, pero «¿Quién se lo dice a Universo?».

Y Universo, claro, siguió libre.

Un museo detenido en el tiempo
(valga la redundancia)

Al Museo Armería 9 de Abril llegué en los primeros meses de 1992 gracias al cuñado de Tejuca. Fue él quien me habló de una plaza que se había desocupado en La Habana Vieja y quien recomendó que me aceptaran. Sitio deprimente ese museo, noté en mi primera visita. Una antigua armería que unos revolucionarios habían asaltado en 1958. Su idea era hacerse con un montón de escopetas con las que forzar una huelga que se había convocado para aquel día en todo el país. La huelga que derrocaría por fin a la dictadura. Un plan que Quientusabes desde las montañas aceptó de mala gana rezando para sus adentros por que fracasara. Porque, de tener éxito, habría que compartir el poder con los promotores de la huelga. Y para alguien como el Comandante, el poder, si era compartido, carecía del menor interés. Pero, para su fortuna futura, todo fracasó. El asalto y la huelga. No más salir de la armería, los asaltantes fueron interceptados por la policía. De los cinco, solo uno escapó con vida. Con el fracaso de la huelga, los luchadores de las ciudades que no fueron asesinados por la policía cayeron en desgracia ante Quientusabes, quien, una vez alcanzado el poder, los marginó, asignándoles responsabilidades generalmente secundarias y penosas. Solo dos décadas más tarde, a los supervivientes de aquel paso en falso de la Historia les concedieron ese museo que relataba su frustrada gesta. Se suponía que debía servirles de consuelo.

El 9 de Abril no parecía un museo a derechas. Una puerta metálica que se desenrollaba hasta el piso como cualquier bodega de los alrededores daba acceso a una nave de unos ocho metros de ancho por veinte de fondo. A cada lado, sendos mostradores con cajas de municiones y artefactos diversos y, tras ellos, estantes con escopetas de caza. Por todas partes había patos disecados que debían adornar el lugar, darle ambiente, cuando más bien parecían un símbolo de lo que habían hecho con aquella antigua tienda: algo polvoriento, sin vida y sin gracia.

Al costado derecho del museo, detrás de uno de los mostradores, una sala de exposiciones temporales solía contener objetos y cartas pertenecientes al muerto que ese mes servía de objeto de culto. Supuse que habría un fondo limitado de mártires de la Revolución, porque a cada rato reciclaban los mismos. En las vitrinas se exhibían reliquias de aquellos revolucionarios sobre cuyos cadáveres la Revolución había erigido su culto machacón y zombi. Un traje, un par de zapatos, los yugos de la camisa. Una carta de despedida al hijo.

Al fondo de la nave, la sala permanente del museo. Vitrinas de madera y cristal que contenían los bonos con los que se financiaba el movimiento clandestino, botellas de cerveza reconvertidas en cocteles molotov, diversas piezas de artesanía bélica y el objeto estrella de la exhibición: una camisa ensangrentada que debió de pertenecer a alguno de aquellos miembros del Valhala criollo. Por una escalera se llegaba a las oficinas del museo: una suerte de mezanine sin paredes situado justo encima de la sala de exposiciones temporales. La de los mártires reciclados, quiero decir.

Le hablé a Evidio, director del museo, de mi total disposición a trabajar en aquel templo de la historia patria. Por supuesto que no mencioné las palabras «templo» o «patria». Si acaso «historia», aunque fuera para referirme a mi título universitario. Demasiado entusiasmo habría resultado sospechoso en tiempos en que el hambre ocupaba el centro de nuestras vidas. Apuesto lo que sea a que, a pesar de mi discreción, le parecí demasiado vehemente a Evidio, quien me miraba con cara de vaca espantándose las moscas. Vaca sin hierba, concentrada en reunir energías para seguir respirando. La cara que tenía la mayoría de los cubanos. No debí preocuparle mucho. Seguramente en ese momento ya había tomado la decisión de marcharse del museo y solo le faltaba anunciarlo.

El resto del personal compartía la misma mirada vacuna, pero dominada por una inercia aún mayor: ni siquiera planeaban irse de allí. Como Dulce, una técnica de museo alta, negra, de ojos saltones y risa estridente y falsa. Leía mucho y le gustaba comentar sus lecturas conmigo. También era una superviviente nata, y un instinto esencial en los supervivientes natos es no dejarse arrastrar por impulsos o afinidades comunes. Mantener una profunda reserva en temas que puedan entrañar algún tipo de riesgo por mucho que la risa y los ademanes anden enfrascados en demostrar lo contrario.

Berta, la otra especialista del museo, parecía su reverso: blanca, canosa, avejentada, voz temblorosa y conversación intensa. De esa intensidad típica en los avistadores de ovnis, aunque estoy seguro de que nunca me habló de platillos voladores. Muy pronto me tomó confianza suficiente para hablarme sin parar de viejas traiciones cometidas por sus líderes, sus jefes y sus exmaridos. O por la Historia. O por ella misma. Una generación generosa en traiciones. Berta evocaba viejos sacrificios que nunca fueron tenidos en cuenta, mientras que otros arribistas acaparaban los honores, los premios y las distinciones. Figuraba en un nicho privilegiado de su altar de rencores su exmarido, un conocido intelectual, un políglota entusiasta del ciclismo al que le sabía más de un secreto que lo arrastraría por el fango de no ser porque ella no era de esas. La única vez que fui a su casa, en el cumpleaños de su nieta, me encontré precisamente con el exmarido intelectual y abuelo de la cumpleañera, que a su vez parecía el hijo de su exmujer. Otro superviviente y cuidadoso medidor de palabras.

La guardiana del museo era una señora mayor de lentes gruesos y una mirada que a través de tanta dioptría suponía impasible. Pero, pese a su aspecto, era la empleada más activa de aquel sitio. Además de tener la responsabilidad de cuidar de que nadie se llevara aquellas escopetas inservibles y de contar la escasa decena de visitantes diarios, era, como le correspondía a su cargo de custodio y a su militancia en el Partido Comunista, la chivata oficial del museo. Este último cargo no era puramente nominal. No llevaba ni un mes trabajando allí cuando informó a no sé qué instancia superior de que yo leía prensa extranjera. Una acusación seria en un país donde durante décadas no habían circulado —además de la prensa nacional— otras publicaciones que las de países del bloque comunista: polacas, búlgaras, norcoreanas, pero principalmente soviéticas. En los últimos años ni siquiera eso. Decir «prensa extranjera» equivalía a decir «clandestina», «enemiga».

Cuando se me acercó el director, preocupado, para que le aclarara los detalles del chivatazo, hice inmediato y secreto examen de conciencia: alguna vez había llegado a mis manos una publicación disidente publicada en Puerto Rico que llevaba el nombre más bien redundante de *El Disidente*, pero no recordaba haberla llevado al museo.

Fue así como, en vez de responder que quiénes eran ellos para cuestionarse lo que debía o no leer, o al menos decir —como en las películas— que no hablaría si no era en presencia de mi abogado, me defendí diciendo que debía ser una confusión.

«Dice que vio la revista aquí mismo.»

Seguí la dirección que apuntaba su dedo hasta el escritorio y vi que allí seguía, abierto a todo lo que daba, el cuerpo liso e impreso del delito. Una revista nacional justamente abierta por un artículo de un escritor cubano exiliado meses atrás. Un artículo en el que le hacía duras críticas al Gobierno cubano y que —cosa rarísima— había reproducido una publicación oficial acompañándolo con una réplica no menos oficial. Siendo todo tan oficial, la acusación se disolvió de inmediato con el «Ah, bueno» de Evidio.

Días antes de asumir mi nuevo trabajo habían expulsado a un par de historiadores de sus puestos en el Museo de la Ciudad, a apenas cien metros de distancia. Supongo que a partir de entonces llamarían a los miembros del Partido a redoblar su vigilancia. El chivatazo de la custodio del museo era una muestra de la seriedad con que se tomaba su trabajo. El incidente me hizo concluir que era mejor mantener a la señora Dioptría a saludable distancia.

Pero mentiría si dijera que el incidente de la falsa prensa extranjera creó un ambiente de tensión en un museo herido mortalmente de abulia. Fuera de cumplir con su deber puntual de chivata, ni la señora vigilante ni el resto de los empleados del museo tendrían en mente otra cosa que mantenerse allí, apegados a su inercia. A menos que una catástrofe mayor ocurriera. Además de las instrucciones del Partido, la custodio quizás obedecía a instintos más agudos a la hora de predecir el peligro. Quizás intuía algo que ni yo supe anticipar: y era que el origen de la catástrofe que terminaría cerrando el museo y expulsándolos de allí sería yo mismo.

Problemas de autoestima

Nuestra hambre era un hambre con baja autoestima. Lo sigue siendo. Todavía mucha gente no se atreve a llamarla por su nombre. «Hambre de verdad la de África, la de los campos de concentración.» De Auschwitz a Kolimá un solo pueblo. Una misma desnutrición. Seres famélicos de miradas muertas, costillas queriendo reventar la piel, con tendencia al canibalismo ocasional. Ante eso debemos retroceder, humildes, reconociendo que nuestra hambreada condición no llegaba a esos extremos. Mal que bien, algo comíamos. Pocos carbohidratos, cierto, y todavía menos proteínas.

Por no hablar de las grasas.

Recuerdo una noche de apagón. Un policía que vivía dos pisos por encima del nuestro disertaba sobre la falta de grasa en nuestra dieta. Un tipo inmenso y noblote explicando lo difícil que se le hacía cagar desde que la grasa escaseaba. «Uno puja y puja y, luego de mucho trabajo, lo que sale es una cagarruta más seca que un ladrillo. Lo que estamos cagando es polvo concentrado, bloquecitos de aserrín. Por falta de grasa.» Todos, risas mediante, le concedíamos la razón: ante el óvalo del inodoro todos éramos iguales. Policías y civiles. Un solo pueblo.

En todo caso, lo que estábamos pasando no era el hambre de Auschwitz, y eso desmoraliza un poco. Que tu tragedia ni siquiera clasifique con dignidad en la categoría «tragedias». Que de pronto te sorprendieras comiendo cáscaras de papas, como en los campos de concentración, o descubrir que esa enfermedad que atacaba las articulaciones, la vista y los huesos no era ni más ni menos que el viejo escorbuto de los marineros no servía de consuelo. Como no servía de consuelo que nuestra hambre de segunda viniera acompañada por apagones, por el caos del transporte público, la práctica ausencia de ropas y zapatos o la disminución en el suministro de agua o gas hasta un hilillo apenas aprovechable.

Porque, por mal que la estuviéramos pasando, se comía. Pan de harina de boniato, un puñado de arroz, unos frijoles aguados. Algo. Los huéspedes de los campos de concentración tenían a los nazis armados, los alambres de púas electrificados y los uniformes de rayas que hacían lucir todo tan feo y deprimente. Nosotros, en cambio, andábamos rodeados de playas y nuestra ropa era algo más diversa.

Si, éramos una vergüenza. Incluso entre los muertos de hambre.

¿Cuál es el animal
que más come?

La crisis bestial que empezó a tomar forma a finales de 1990 no disuadió al Gobierno de celebrar en La Habana los Juegos Panamericanos programados para el año siguiente. El nuestro era un Gobierno de ideas fijas, de esos a los que no se les pasa por la cabeza adaptarse a la realidad, sino al contrario. Si algo salía mal, no habría más culpable que la propia realidad, a la que nadie le pidió que pasara por ahí. Me imagino que si alguna vez eso se discutió en el único nivel en el que se discutían esas cosas, Quientusabes acalló el debate diciendo que ya se habían gastado demasiados recursos en la construcción de los estadios como para echarse atrás. Era verdad. Yo mismo, en mi último año como estudiante universitario, había trabajado unos cuantos días en la construcción de la Villa Panamericana. Y junto conmigo media ciudad.

Igual podrían haberse arrepentido. Las obras ya marchaban retrasadísimas y el estadio olímpico diseñado para la ocasión nunca llegó a terminarse. En la transmisión de la ceremonia inaugural de los juegos, los comentaristas presentaban como audacia arquitectónica lo que era en realidad un estadio a medio construir. Meses después, todas aquellas instalaciones pasaron a formar parte de la amplia colección de ruinas producidas por la Revolución Cubana a lo largo de su historia. Hoy, treinta años después, ninguna de ellas funciona.

La preparación de los atletas no parecía ir mucho mejor. Siempre pensé que recibían un trato especial, una alimentación especial. Algo de eso había, pero también a ellos el Hambre les soplaba en la nuca. En una guagua conocí a una integrante del equipo panamericano de remos. Una mujer bellísima, previsiblemente alta y de ojos azules que no paraba de hablar pestes del Gobierno y de la comida que recibía para prepararse con vistas a la competencia. Con rabia especial habló de unos espaguetis fríos que aparecían con demasiada frecuencia en su bandeja. «Y con esa mierda esta gente quiere que le gane una medalla.»

No pensaba quedarme a contemplar aquel momento de gloria del deporte revolucionario. Andaba empeñado en que Cleo conociera Cuba justo en el peor momento de la historia del transporte público de aquella isla. Los amigos y la familia intentaron disuadirnos, pero persistí. Tras largas semanas en una cola que debía confirmarse en persona dos veces al día, conseguí un par de pasajes en avión. Solo de ida.

Sin regreso.

Sin siquiera reservas de hotel —rezago burgués impensable en esos años—, salimos para Baracoa, al otro extremo del país, al día siguiente de la inauguración de los XI Juegos Panamericanos. Nos acompañó la mejor de las suertes. Justo en el asiento contiguo del avión. Allí viajaba una muchacha de Baracoa que vivía en La Habana. De esas que más de un habanero llamaría «palestina» con todo el desprecio de que es capaz quien por fin encuentra a alguien al que considerar inferior. Por el motivo que sea. Se llamaba Zoila. Una muchacha alegre y conversadora que nos preguntó a qué íbamos a su ciudad. Al enterarse de que no teníamos reservación de hotel y de que no conocíamos a nadie allí, su expresión cambió al modo alarma máxima:

«Santiago de Cuba es la subsede de los Panamericanos. Así que a los turistas que no caben en Santiago los envían a Guantánamo. Y a los que no caben ni en Santiago ni en Guantánamo los mandan para Baracoa. Ustedes van a ir a los únicos tres hoteles que hay en Baracoa: El Vedado, El Castillo y La Rusa. Pero en ninguno de los tres van a encontrar habitaciones libres. Entonces van a ir a mi casa. Esta es la dirección.»

Así fue. Todos los hoteles estaban abarrotados. Tanto El Castillo —el más grande de todos—, que dominaba la ciudad desde una colina, como La Rusa, con el aura legendaria que le creara a su antigua dueña un escritor famoso en su peor novela, estaban repletos de turistas. El Vedado, el más murruñoso de los tres, en los altos del cine del pueblo, tampoco tenía habitaciones disponibles. Tras apenas una hora de estancia en Baracoa, no teníamos otra esperanza que el papelito con la dirección que nos había dado Zoila.

Nos recibió en su casa como a viejos amigos que ya le habían anunciado su visita: con alegría, pero sin sorpresa. Su madre nos preparó uno de los platos que recuerdo con más cariño en mi vida de jamaliche en serie: una especie de tamal de plátano verde que solo se conoce en esa zona del país y al que llaman bacán. Dentro de los bacanes la madre había puesto toda la carne enlatada que le habíamos dado a Zoila para que compartiera con la familia. Nada tomaron para ellos: así de hospitalarios eran.

El resto de nuestra estancia en Baracoa nos supo a lo mismo. Gracias a desconocidos tan pobres como generosos, tuvimos las mejores vacaciones que se pueden tener cuando se combinan juventud, pobreza y despreocupación. Poco importa tener que dormir en nidos de piojos disfrazados de hoteles, bajareques prestados y casas de campaña cuando lo rodea a uno la gente más bondadosa del planeta.

Cuatrocientos noventa y nueve años después de la llegada de Cristóbal Colón a sus playas y unos pocos antes de que la nueva ola de turismo extranjero bañara la isla, la que había sido la primera villa fundada por los españoles era una pequeña ciudad desvencijada y apacible. Tendría unos ochenta mil habitantes, los tres hoteles ya mencionados, un cine en reparaciones y un par de cafeterías.

Baracoa está enclavada en medio de los paisajes más bellos de la isla: montañas cubiertas de bosques, cruzadas por varios de los ríos más caudalosos de Cuba. Playas salvajes, polinesias, con cocoteros infinitos, arena gris y oleaje intenso. Las encontramos adánicamente desiertas porque los locales preferían playas y ríos más cercanos y los extranjeros todavía ignoraban su existencia. Allí practicamos el nudismo pudibundo de los que descubren una playa para sí solos. Con la actitud de monarcas por defecto, propia de un par de robinsones. Bastaba con levantar la vista en cualquier dirección para dar con el paisaje idílico que se había inventado el diseñador del escudo nacional, siglo y medio atrás en Nueva York, con esa capacidad para concentrar añoranzas que solo proporciona el exilio.

Todo ese lujo natural en medio de tanta miseria contra natura. Los locales contaban que, encontrándose en las afueras del pueblo una de las fábricas de jabón más importantes del país, hacía meses que tenían que bañarse con la baba de cierto bejuco que al contacto con el agua producía espuma.

Al estar poco comunicada con el resto del país, Baracoa había desarrollado una cocina bastante particular, más cercana a la de otras islas del Caribe que a la del resto de Cuba: lo mismo un dulce de coco rallado endulzado con miel de abejas —al que llamaban cucurucho por el envoltorio de yagua de palma con que lo embalaban— que platos derivados del cacao. O del plátano, como el bacán. O la freidura de un pescado minúsculo que por allá llaman tetí. Sin embargo, en las dos cafeterías que permanecían abiertas se vendía un único alimento: hamburguesas nacionales de nuevo cuño bautizadas como McCastro's. Era el sustituto local de las McDonald's, a las que el embargo norteamericano les daba condición de mito.

En algo tenían razón los diseñadores de las ofertas gastronómicas de Baracoa: cualquier cosa que pusieran a la venta haría que la mitad del pueblo se arremolinara frente a los dos únicos sitios que vendían comida; colas en las que habitualmente gastabas unas cuatro horas. Hacer dos comidas al día se convertía en un empleo a tiempo completo.

No obstante —y aquí repito la misma observación de todo el que visita un sitio más pobre que el suyo—, esa miseria ubicua y espesa no parecía afectar el carácter y la bondad de la gente. A un viejo le preguntamos una dirección segundos antes de que apareciera el autobús que llevaba cuatro horas esperando: si no lo subimos a la guagua a empujones, la habría dejado escapar, empeñado como estaba en darnos las indicaciones precisas.

En otra ocasión, buscábamos el camino hacia un río cercano cuando tropezamos con un grupo de personas que terminaban de asar un puerco. Al preguntarles cómo llegar al río, uno de ellos me pidió que me acercara. Lo obedecí y me señaló el camino al mismo tiempo que extendía la mano hacia mí con un considerable trozo de carne. La carne se veía apetitosa, pero sabiendo del clima de hambre generalizada por el que atravesábamos, la rechacé. El hombre insistió y volví a negarme. Entonces dijo impaciente: «¡Agárralo o lo tiro!».

Tuve que hacerle caso.

Pasamos nuestros días en Baracoa al amparo de la bondad ajena, tanto anónima como de las amistades que íbamos haciendo a nuestro paso. Zoila, la muchacha a la que conocimos en el avión, nos dio albergue en la casa de unos parientes la primera noche y luego nos consiguió alojamientos sucesivos en uno de los hotelitos que nos había rechazado el primer día (El Vedado) y en una base de campismo. Otro conocido de aquellos días, un constructor santiaguero que era parte de la brigada dedicada a la interminable reparación del cine del pueblo, convenció a la administradora del hotelito (a quien le reparaba diversos equipos electrodomésticos, empezando por la plancha) de que nos dejara quedarnos unos días más. (Pagábamos puntualmente por todos los servicios recibidos, pero para la economía socialista eso nunca es suficiente. Aparte de dinero se requiere algún tipo de conexión íntima que termine por convencer al proveedor de bienes o servicios. En un sitio donde el dinero tiene una importancia relativa, los favores y las relaciones que estos generan importan bastante más.) Fue en aquel hotel donde adquirimos una hermosa colonia de piojos que solo vinimos a descubrir al llegar a La Habana, cuando ya habíamos contagiado a la hermana de Cleo. Aquellos piojos fueron el precio que pagamos por esos días maravillosos que pasamos en Baracoa. «Dios protege al inocente», nos había dicho un amigo como despedida antes de que saliéramos para Baracoa. A nosotros nos protegió la bondad innata de gente que vería en aquel par de habaneritos despistados un desastre inminente a menos que hicieran algo por impedirlo.

Regresar a La Habana fue regresar a la realidad. Zoila nos hizo un último favor «resolviéndonos» un par de pasajes hasta Santiago de Cuba. Una décima parte del recorrido que teníamos por delante. Nada más llegar a Santiago fuimos estafados. Alguien nos vendió un papelito que supuestamente nos daría derecho a comprar boletos de tren, pero el papelito resultó falso. Comprendiendo nuestro absoluto desamparo, la vendedora de boletos se compadeció de nosotros y nos vendió un par hasta la siguiente provincia. Llegados a esta, en lugar de bajarnos, atravesamos un par de provincias más como polizones, escondidos en el intersticio en que se acoplaban dos vagones hasta que por fin pudimos sobornar a un conductor para continuar hasta La Habana sentados legalmente. Todo, tanto la estafa como el soborno, por una suma de dinero que al año siguiente no alcanzaría ni para comprar una *pizza* casera.

Resultó que no habíamos estado suficiente tiempo en Baracoa. Todavía les quedaba un buen rato a los Panamericanos, con su euforia inducida y sus competencias interminables acaparando los televisores. Tras cada victoria cubana sonaban las notas de nuestro bonito himno plagiado a Mozart, que eran rematadas con la entrevista al ganador de turno, quien invariablemente le dedicaba su victoria al Comandante en Jefe. No dejaban muchas opciones. Al preguntarle a la campeona absoluta de la gimnástica que a quién le dedicaba sus medallas, esta mencionó a sus padres, su familia. El periodista insistió y la campeona incluyó en la dedicatoria a su barrio, a sus amigos, al pueblo cubano. Ya no le quedaban más cubanos que incluir en la dedicatoria, pero el periodista seguía insistiendo. Fue solo entonces cuando la gimnasta se resignó a mencionar al Comandante en Jefe.

En un periódico vi, entre los medallistas, el nombre de la bella remera que había conocido en el autobús. Me alegré por ella, aunque sospecho que también tuvo que dedicarle su medalla al Comandante. Hay algo consustancial a Aquello, y es no dejar que disfrutes tus logros sin que vengan sus representantes a reclamarte lo que asumen suyo. Años después descubrí el nombre de la remera en un reportaje de un periódico de Boston tras escapar de Cuba. Me alegré más por ella que cuando consiguió la medalla.

Fueron días rellenos con el himno mozartiano, las dedicatorias al Comandante y la presencia del Tocopán. El Tocopán era la mascota de los juegos. Su nombre venía del apareamiento del ave nacional, el tocororo, (que, a pesar de su estatus oficial, poquísimos cubanos han visto en su vida), y los juegos panamericanos. Un pajarito con sombrero de paja e indumentaria deportiva que se convirtió en la respuesta a una adivinanza que se puso de moda al acabarse los juegos: «¿Cuál es el animal que más come?».

«El Tocopán. Se come en dos semanas la comida de once millones de personas para un año.»

Pero ¿qué es la comida ante la gloria continental? Solo en dos ocasiones Estados Unidos ha sido relegado al segundo puesto de la competencia. En 1951 por la Argentina de Perón en los juegos celebrados en Buenos Aires, y cuarenta años después por la Cuba de Fidel Castro en los juegos de La Habana. Meses más tarde, en medio de la peor hambruna que haya soportado la República de Cuba, podías encontrarte gente orgullosa de aquel primer lugar en el medallero panamericano. La comida al fin y al cabo se digiere y se excreta, mientras que el brillo de las hazañas deportivas resplandece para siempre. Así que nunca olviden el dato: en el verano de 1991, Cuba se impuso a los Estados Unidos en los XI Juegos Panamericanos. No fue poca el hambre que nos costó.

De cómo nos preparamos
para la debacle

Si se piensa bien, llevábamos toda la vida preparándonos para aquella hecatombe. Décadas de privaciones dosificadas al mínimo, a tantas libras por cabeza y por mes —decían—, para que todo alcanzara para todos y acelerar la llegada del futuro. Penurias temporales, insistían. Miento. No hablaban de penurias ni de privaciones. Hablaban de ascetismo, de estoicismo, de sacrificios. Karma marxista-leninista. La renuncia de hoy nos sería retribuida en el porvenir. Cuando la consigna fuera «de cada cual según su capacidad, a cada cual según su necesidad». Fue lo que les dijeron a nuestros padres. Por el futuro de sus hijos debían renunciar a su presente. Luego les tocó a los hijos hacer lo mismo. Renunciar, digo. Sin explicaciones. No eran necesarias.

Se empezaba con el racionamiento mensual de comida y se continuaba con el desprecio por el materialismo capitalista, su repulsiva frivolidad. El entrenamiento alcanzaba una fase superior al llegar a la escuela secundaria. Allí debías cumplir con alguno de los modelos escolares diseñados para resolverle el problema a un Estado que se había hecho con el 70 % de las tierras cultivables y no tenía quien las pusiera a producir.

No te decían eso.

Lo hacían por tu bien. Para educarte en las virtudes del trabajo manual. Para evitar que el ocio y la blandura urbana te corrompieran. Buscaban alguna frase de José Martí para justificarse, por mucho que el mesías cubano nunca aspiró a que el Estado monopolizara el 70 % de la tierra. O te explicaban que era esa tu oportunidad para devolverle al Estado el favor de permitirte estudiar gratis. Si lo anterior no era suficiente, les quedaba recordarte que no ir a la escuela al campo sin la disculpa de alguna enfermedad severa haría peligrar tus aspiraciones de ir a la universidad. Muy pocos le buscaban sentido a aquello. Se imitaba al resto porque uno no podía ser menos. Y ya.

Tanto en la «escuela al campo» como en la «escuela en el campo», las condiciones de vida solían ser bastante peores que las habituales: comida intragable y escasa, dormitorios atestados y camas de acero corrugado con colchonetas raquíticas durante los cuarenta y cinco días de trabajo ininterrumpido en las «escuelas al campo». Condiciones algo mejores, pero sin exagerar, en las «en el campo», donde alternabas estudios y trabajo durante todo el año escolar.

Todo eso es bastante irrelevante si se compara con el ambiente que reinaba en esos lugares: el de cualquier sitio en que a un grupo de seres poco dados al autocontrol (como los adolescentes o los criminales) se los deja abandonados a sus propios impulsos. El resultado del experimento no era precisamente la utopía de Thomas Moore. Más bien le venía a dar la razón a Hobbes: allí imperaba la violencia en todas direcciones, controlada, si acaso, por los más violentos. Algo normal, dadas las circunstancias.

Lo que distinguía aquellos ambientes de las cárceles o los internados de todo el mundo recuerda el comentario de Borges sobre el emperador chino que erigió la Gran Muralla y mandó quemar todos los libros: «Quemar libros y erigir fortificaciones es tarea común de los príncipes; lo único singular en Shih Huang Ti fue la escala en que obró». Porque en este caso no se trataba de una cárcel o un internado militar, sino de todo un país.

Durante generaciones, millones de adolescentes se acostumbraron a las penurias y al abuso colectivos de manera sistemática. No todo era malo, claro. Aquellas escuelas e internados fueron también una oportunidad para que esos adolescentes descubrieran el sexo o los placeres de bañarse bajo el chorro de una turbina. O para que entraran en contacto con ciertas modalidades de la cultura popular. Como aquellas rumbas y guaguancós tocados con jarros de metal, cucharas y maletas de madera. Ya vendrá un aguafiestas a decir que aquellas experiencias contribuyeron a nuestra educación sentimental lo mismo que la esclavitud al desarrollo de la música popular cubana.

¿Cómo responder a eso?

Si algo aprendíamos con aquella experiencia agrícola era a apreciar la relativa comodidad de nuestra vida en las ciudades. Las mismas ciudades en las que el transporte público nunca funcionó con decencia y el servicio gastronómico era infame. Porque, antes del Hambre, ya los cubanos acumulábamos diversas licenciaturas en maltratos varios: en las colas, por cualquier cosa medianamente apetecible o incluso por algunas bastante desagradables; en los autobuses, los taxis y el resto del sistema de transporte; en las cafeterías, las heladerías, las pizzerías; en las diferentes variantes de la instrucción militar que empezaba en la educación media; en el entramado arbitrario de leyes, decretos y disposiciones administrativas que lo mismo evitaban que la gente se robara los cubiertos de una pizzería que impedían que esa misma gente se escapara del país.

Si uno lo piensa bien, el Hambre no fue una anomalía de la Cuba revolucionaria, sino más bien su apoteosis. La miseria que nos abrumó en la década de 1990 fue el futuro para el que nos prepararon durante años. El otro futuro, el de la relajada prosperidad que nos anunciaban en libros y discursos, nunca llegó a asomarse por mucho que lo esperamos. En serio: ¿qué iba a hacer un futuro tan prometedor en un lugar como ese?

La Habana, vieja

Un día, rumbo al museo, sorprendo a la Habana Vieja por la espalda. La asalto a la altura de la plaza de Armas, todavía húmeda de rocío, vacía, con el sol cerniéndose entre las hojas de los ficus. Casi silente. Con esa belleza utópica de las escenografías de cine. Con el invencible esplendor de lo falso. «Parece una película», me digo (me la paso diciéndome obviedades). Todo porque esa mañana, en lugar de tomar la ruta más breve (es un decir) y directa, juego a ser Cristóbal Colón. En un acto de inspiración agarro una guagua distinta que da un largo rodeo por la ciudad para desembocar en la avenida del Puerto, en el muelle de la lanchita de Casablanca.

Lo usual era bajarme en el parque de la Fraternidad y atravesar el fantasma de lo que había sido la muralla que protegía la ciudad vieja por el lado de tierra. Recorría otra escenografía: no la de una elegante y modosa ciudad colonial, sino un paisaje de posguerra. Una posguerra fresca, en la que apenas empezaba la gente a salir de las casas tras un bombardeo frenético: un paisaje de calles acribilladas de baches, paredes rajadas, balcones a punto de derrumbarse, escombros amontonados, niños semidesnudos. Pero la ilusión de la guerra se acababa en el fondo de los baches rellenos de agua vieja y pestilente, en la apacible desesperación de la gente. Apacible solo en la superficie. En el fondo de los pasillos, de los solares densos y polvorientos, todo era movimiento, contrabando y tráfico. Comida, bebida o materiales para reparar un cuarto o construir una balsa y huir de manera más definitiva que con el alcohol.

Todavía no había comenzado la arribazón masiva de turistas. Todavía el jineterismo —ese concepto que intentaba describir todo intercambio furtivo y vergonzante de los nativos con los extranjeros, empezando con el más desnudo de todos, el del sexo— era asunto de especialistas, no del país entero. Todavía se lo veía con esa altivez rencorosa con que se observa lo inalcanzable. Todavía el historiador de la ciudad no había restaurado más que unos cuantos palacetes de la ciudad vieja que se erguían con su amarillo estentóreo en medio de la grisura ambiente mientras aseguraba que la ciudad de sus sueños no sería como otras. No se expulsaría a sus habitantes originales para instalar *boutiques* como se hacía en el capitalismo. No. El historiador quería una ciudad vieja, pero no momificada. Una ciudad viva y habitada, no una ciudad museo. Lo decía dondequiera que lo pudieran oír. En la televisión o en alguna esquina de la ciudad vieja donde instalara un micrófono. (Alguna vez lo vi con su safari gris maoísta hablándole con un micrófono a la nada, como si hubiera hecho una apuesta consigo mismo de que su verba bastaba para atrapar transeúntes y hacerles escuchar su versión de la ciudad. Y ganó. No eran muchos los lugareños paralizados por su labia, aunque sí los suficientes como para ayudarlo a creerse el papel de mesías de la restauración del sector más antiguo de la capital.)

De momento, aparte del puñado de palacetes restaurados y su densa nube retórica, poco podía ofrecer el historiador de la ciudad. Raro era el aguacero potente que no se llevaba consigo alguna de las tantas casonas a las que no había alcanzado su afán reconstructor. El edificio derruido se convertía primero en una mole de ladrillos podridos y hierros oxidados y, de inmediato, en suministro de materiales de construcción y, al mismo tiempo, basurero donde los vecinos arrojaban sus desechos, los roñosos desechos malolientes del que no tiene nada que perder.

Obispo, la principal calle comercial de la ciudad vieja, iba perdiendo una a una sus vidrieras, que, obedeciendo a una ya venerable tradición pos-1959, eran sustituidas por amplios tablones de madera contrachapada. Poco a poco, la vieja calle del Obispo se iba transformando en la calle Plywood.

Faltaba todavía para que al historiador le permitieran convertirse en empresario. Para contar con su propio presupuesto con el que llevar adelante sus planes de expansión, planes en los que los vecinos de la ciudadela empezarían a sobrar. O para que su hijo abriera una tienda de antigüedades en Barcelona. Faltaría muchísimo más tiempo para que los militares, celosos del éxito del historiador, le arrebataran la gestión del trozo de ciudad que había conquistado con tanto esfuerzo.

De las muchas diferencias que había entre el historiador de la ciudad y nosotros estaban los viajes. Él seguramente había visto otros cascos antiguos, probablemente mejor conservados que el habanero, pero que carecían de su amplitud y calidad constructiva. Él veía una ciudad en potencia donde el resto solo podíamos ver despojos. Él podía permitirse el lujo de soñarla donde los demás la sufríamos y, si nos acompañaba la suerte, le sorprendíamos breves trallazos de belleza como el de esa mañana en que asalto la ciudad por la espalda.

No todo era sufrirla, claro. Para eso bastaba el resto de La Habana. La Habana Vieja se distinguía de otros municipios por su maltrecha arquitectura, por la densidad de su contrabando, por su contubernio callejero. Hay una leyenda urbana que resume esa vida, esa complicidad. No tienen que creerla, pero como cifra de aquel mundo funciona a la perfección.

La leyenda habla de un senador norteamericano y de su esposa, a la que le arrebatan la cartera mientras recorre la Habana Vieja. Días después (o esa misma noche, ya se sabe cómo son de imprecisas las leyendas), el senador llega a ese momento cumbre que alcanza cualquier visitante de cierta importancia en la isla: el encuentro con Quientusabes. Mientras conversan, Quientusabes pregunta, solícito, sobre su estancia, a lo que le responden con la previsible complacencia. Solo que... el senador se interrumpe y el Anfitrión en Jefe insiste. Es una nimiedad, pero ante la insistencia menciona la cartera robada. En este punto, la imaginación del narrador de turno se desplegará para recorrer las diferentes instancias por las que circula la orden de recuperar la cartera: de Quientusabes al ministro del Interior y luego de este a los jefes de la Policía de ámbito nacional, provincial y municipal hasta llegar al jefe de sector del barrio de la Habana Vieja en el que el bolso fuera arrebatado. Como último eslabón de la cadena de mando, el jefe de sector convoca a los delincuentes de la zona y les comunica:

—Me dicen que aquí le han robado la cartera a la mujer de un senador yuma y desde el más alto nivel me han dado la orden de recuperarla. Así que, o bien aparece la dichosa cartera, o se acaban en este barrio el jineteo, el contrabando y la bolita.

Entonces le toca al narrador de la historia describir la aparición del ladrón cabizbajo, con la cartera en la mano. Contrito, la deposita en el escritorio del jefe de sector de la Policía al tiempo que reconoce:

—Fallé.

Usualmente es un cuento que se propone explicar el origen de la eficacia de la Policía cubana y exhibir su funcionamiento, salpimentado con la graciosa resignación del ratero al tropezar con el Poder Absoluto. Pero también hay en la anécdota mucha de esa complicidad que mencionaba. Complicidad de lugares pobres y hacinados con vocación comunitaria. El sacrificio individual en pro del equilibrio colectivo.

El sentido de comunidad y la belleza carcomida de la Habana Vieja alcancé a apreciarlos en aquellos días, aunque no tanto como me habría gustado de haber tenido más distancia para contemplarlos. Y más tiempo.

Hablando de tiempo: no hubo tiempo peor en la Habana Vieja que el Período Especial a la hora del almuerzo. Una hora del día. Una costumbre. Una oportunidad para reforzarte el hambre que ya traías desde que te levantaste.

El almuerzo no aparecía por ninguna parte.

La Habana Vieja, con su casco histórico, sus plazas, sus fortalezas, su catedral, debía ser el principal centro de atracción turística de la ciudad, pero entonces era apenas el destino de unos cuantos turistas audaces. En cuanto a la gastronomía, su condición era tan desértica como en el resto del país. Si acaso unos pocos restaurantes en dólares en donde no podríamos entrar aunque dispusiéramos de moneda dura, porque su mera posesión era ilegal y punible. Y aunque no lo fuese: de conseguir algún dólar en esos días, no cometerías la extravagancia de comer en un restaurante. Con lo que costaba un café en sitios así podías comprar una semana de comida en el mercado negro.

Aclaración al lector: en una economía perfectamente socializada, el Estado controla la venta de los alimentos. En épocas de bonanza, el Estado te vende la comida a precios proporcionales al salario promedio. Las cuotas están diseñadas originalmente para lo que en el argot marxista se conoce como reposición de la fuerza de trabajo. Ni un gramo más. Eso es, como decía, en épocas de bonanza. En tiempos de crisis, cuando el Estado no tiene nada que venderte, asume que si comes es porque le estás robando. Y tiene razón. Pero el Estado es generoso y no te va a perseguir porque comas. No obstante, si te ve vendiendo comida, te asediará como en otros sitios se persigue el narcotráfico. Una cosa es ser generoso y otra muy distinta es permitir que te enriquezcas con lo que le robas al Estado, tan inaceptable como que lo contradigas en público. Porque la principal razón de ser de un Estado, sea socialista o no, no es alimentar a nadie, sino hacerse respetar. Y nadie se hace respetar dejando que lo ridiculicen en público.

Así que no queda otro remedio que dejar pasar la hora del almuerzo como si fuera cualquier otra. O salir a dar vueltas con la esperanza de que alguna cafetería de las que lleva meses vacía, en un rapto de extravagancia del administrador, comience a vender algo. Te enteras de que hay una cafetería que en los almuerzos vende sopa de gallo. Su buena cola tiene. Al sentarte descubres que «sopa de gallo» no es más que el nombre elegante del agua con azúcar. Que la gente no hace cola por el plato fuerte, sino por el postre, que es dulce de cáscara de toronja. Un postre ante el que antes hacías una mueca de asco, pero que ahora engulles casi con gusto.

O en un bar de repente ofrecen plátano verde hervido y pides todo el que te puedan vender, que es bastante menos del que te puedes comer, y hasta bendices tu suerte, que no es más que eso. Suerte. Algo que ocurre para no volver a repetirse.

Mi verdadera suerte en lo que respecta al asunto del almuerzo fue descubrir que en la calle Muralla, a unas diez cuadras de donde trabajaba, existía un comedor para los trabajadores de varias instituciones estatales de los alrededores. Una de ellas era el Museo de Historia de la Ciencia, al que fueron a parar casi todos los historiadores de la graduación que siguió a la mía, varios de los cuales eran amigos míos. La solución es sencilla: los primeros días ellos me pasan como parte del grupo para que los custodios del lugar se familiaricen con mi rostro. Al rato ya soy como de la casa y puedo ir sin mis amigos a comer los frijoles colorados aguados y un poco arroz que, gracias a no tener la amplitud de experiencias del historiador de la ciudad, me saben a gloria.

Viajar, ese es el problema. Nada más poner un pie en el Mundo Exterior, la Gran Preocupación en lo que a la comida respecta consiste en contenerte. Pero con la experiencia acumulada se te hace insoportable la mera idea de dejar comida en el plato. No comes para saciarte, sino para evitar el mínimo desperdicio. En Cuba pesaba quince o veinte kilos menos de mi peso ideal, mientras que afuera he llegado a pesar hasta cuarenta kilos por encima de este: buena parte de esos kilos los obtuve gracias a la comida que no me atrevía a tirar luego de haberme saciado.

Lo dicho: mi actual obesidad está compuesta de mala conciencia y buena memoria.

De la (mala) vida
de los animales

Cada semana que el país se adentraba en el llamado Período Especial en Tiempo de Paz se hacía más notoria la ruralización de las ciudades. En especial de la menos rural de las ciudades cubanas, La Habana.

Rurales eran los cerdos que la gente criaba en las bañeras con la esperanza de engordarlos lo suficiente para venderlos o alimentar a la familia por un buen rato. Puercos a los que les extirpaban las cuerdas vocales para silenciarlos y evitar que algún vecino envidioso terminara delatándolos a la policía.

Rurales los plátanos que se sembraban en cualquier metro cuadrado de tierra disponible. O los ajos, las cebollas o cualquier otra planta estratégica.

Rurales los carretones tirados por caballos que intentaban suplir el transporte motorizado. O la marea de fango rojo que marcaba la línea de flotación de la ciudad cada vez que llovía.

Si los jemeres de Kampuchea volcaban a los habitantes de las ciudades en el campo, los jemeres del Caribe llevaban el campo a la ciudad. Maneras distintas de recrear la utopía vegetal del jardín del Edén. Como si regresar a la naturaleza consiguiera volvernos mejores, más felices, más inocentes. Como si se pudiera llamar naturaleza a esas plantas que hemos manipulado hasta el cansancio. Como si un boniato, además de alimentarnos, fuera capaz de devolvernos la inocencia.

La ciudad se hizo campo durante la tragedia amarilla de los pollos. Pollitos Pérez Quintosa, los llamaban. Ante la incapacidad confesa del Estado de alimentar y criar los pollitos recién nacidos (les recuerdo que el nuestro era un Estado multiusos: lo mismo organizaba al ejército que reparaba ollas de presión), decidió repartir millones de pollitos entre los ciudadanos a fin de que los convirtiéramos en aves de bien con que alimentar a la patria. A razón de cinco o diez por núcleo familiar. Se suponía que los alimentaríamos con sobras de comida para que al cabo de unas semanas ellos mismos terminaran siendo comida. O puede que tuviéramos suerte y alguno de aquellos copitos amarillos se convirtiera en gallina ponedora que abastecería de huevos a la familia. La fábula de la lechera hecha credo nacional.

Una masacre.

Entregar millones de avecillas a manos inexpertas resultó peor que las predicciones más pesimistas. Si el Gobierno temía que los pollitos no sobrevivieran en sus granjas, en las casas, apartamentos y tugurios de toda especie les fue bastante peor. Morían en proporciones espantosas, sin importar el cuidado que pusieras. Las organizaciones mundiales de defensa de los derechos de los animales debieron intervenir entonces e impedir tamaño exterminio. Con un portaviones por lo menos. Pero nada ni nadie interrumpió el genocidio engendrado por aquel disparate.

Alguno que otro de aquellos pollitos consiguió llegar a adulto y con sus cantos insuflarles un aroma campestre a nuestras mañanas. Un horror.

Frente a aquel despropósito, mi familia tomó una de las pocas decisiones sensatas que le recuerdo. Conocedores de nuestra incapacidad para criar aquellos pollitos, se los entregamos a mi abuela paterna. Ella se había pasado la vida en el campo criando todo tipo de animales y tenía una mano privilegiada para hacer que cualquier organismo vivo continuara siéndolo mientras ella no decidiera lo contrario. Daba igual que fueran pollos u orquídeas. Mi abuela obró el milagro de que casi todos aquellos animalitos llegaran a edad adulta y se convirtieran en pollos y gallinas aptos para nuestro consumo.

La de los pollitos no fue la única tragedia ocurrida en aquellos días. Hubo una bastante más publicitada y de alguna manera relacionada con la anterior. Sucedió que trataron de robarse una embarcación anclada en una playa cercana a la capital. Para ello, los aspirantes a marinos sorprendieron y amarraron a cuatro policías que custodiaban el muelle. Luego, al tratar de echar a andar el motor, descubrieron que, como medida de precaución, le habían quitado piezas esenciales para su funcionamiento. Los asaltantes desistieron de la fuga, pero antes de marcharse al interior del país ametrallaron a los policías. Tres murieron de inmediato y el cuarto, Rolando Pérez Quintosa, quien había recibido cuatro balazos en el abdomen, sobrevivió.

De momento.

Durante las siguientes semanas, las poco alentadoras noticias sobre el policía ocuparon un espacio fijo en los noticieros de televisión. La agonía del pobre muchacho se extendió por casi un mes hasta que falleció en febrero de 1992. Era inevitable que, al repartir el Estado poco después millones de pollitos, estos terminaran recibiendo el macabro apodo de «los Pérez Quintosa».

Porque, por mucho que te esforzaras en cuidarlos, iban a terminar muriéndose.

Retrato íntimo
de un policía secreto

Al poco tiempo de que yo empezara a trabajar en el museo, Evidio dejó su cargo de director. Fue sustituido por Gabriel. Gabriel era un tipo joven, alto, atlético: legítimo producto de la Revolución y subproducto de la crisis del bloque soviético. No tardó mucho en contarme su vida. Las crisis fomentan la confidencia y la comprensión entre los hombres. Exagero en lo de la comprensión, pero el ánimo confesional era palpable. No debieron pasar muchos días del estreno de su mando antes de que Gabriel me confesara que había sido oficial de la Seguridad del Estado. Apartado del Ministerio del Interior, le dieron a escoger entre dirigir una fábrica de hamburguesas y un museo. Eligió el destino que le pareció más inteligente, y con «inteligente» quería decir «cauto». Siendo la fábrica productora de un artículo tan estratégico, calculó que pronto estaría metido en problemas con los traficantes de hamburguesas que tendría bajo su mando. Mejor sería retirarse a un museo que se imaginaba apacible, casi bucólico. Calculó mal.

Con el tiempo me hizo más confidencias. Desde adolescente lo estuvieron preparando para ser oficial de la Seguridad del Estado. Sus estudios preuniversitarios los había hecho en un instituto más o menos secreto en la Isla de la Juventud. De ahí pasaría a una carrera universitaria acorde a las necesidades del momento. A las necesidades del Ministerio del Interior, quiero decir. El destino suyo y de un grupo de sus compañeros fue la Escuela de Periodismo. Eso explicaba, pensé, las pocas plazas que se ofrecían al resto de los mortales. Ya graduado como periodista, Gabriel continuó el camino que le trazaban designios superiores: su primer trabajo fue como representante del ron Havana Club en Ecuador. Lo más cercano al cuento de hadas revolucionario que imaginarse cabe.

Cuento de hadas con todos los componentes tradicionales: reyes, príncipes, princesas, carruajes, aventuras, transformaciones. En Quito, Gabriel se había codeado con lo que más valía y brillaba de la sociedad, incluido el pintor más famoso en la historia del país, que era al mismo tiempo ferviente admirador del sistema social que regía el mío. (Gabriel me aclaró que en realidad el viejo pintor de los humildes vivía como un jodido aristócrata. Déspota por más señas.) La princesa era su alta y bella mujer, tan confiable como Gabriel, que trabajaba para el Consejo de Estado cubano. El carruaje fue un Lada último modelo (hasta el punto en que un Lada se puede considerar modelo de algo) que el ministro del Interior le regaló por los servicios prestados. O porque así le placía a su talante altruista.

Esa fue su perdición. La de Gabriel, quiero decir. Ocurrió que las transformaciones que se sucedían en el bloque soviético pusieron en alerta máxima a Quientusabes. Tenía buenas razones para creer que tales reformas no podrían traer nada positivo para su liderazgo, y sus sospechas exacerbaron una naturaleza de por sí paranoica. Para curarse en salud hizo fusilar a los altísimos oficiales que mencioné capítulos atrás. Luego le tocó el turno al ministro del Interior que tan generoso había sido con Gabriel. El mismo que había tenido por amante a la reina local de los aeróbicos. El de la caravana fúnebre que vi pasar frente a mí cuando trabajaba en el cementerio. Muerto de un infarto en la cárcel. Ese mismo. Pero la desgracia de su ministerio no terminó con su prisión ni con su muerte. El Comandante en Jefe sospechaba del ministerio en su totalidad, empezando por aquellos agraciados por la generosidad del ministro. Todos los que habían recibido regalos del ministro serían expulsados del ministerio. Una expulsión discreta si la aceptaban con resignación. O indiscreta si se resistían.

Gabriel aceptó su caída con filosofía. Más que como castigo, lo veía como una prueba de carácter que debía superar con la mayor entereza posible. Se exagera al decir que las revoluciones, como Saturno, devoran a sus propios hijos. En principio solo los prueban. A todos. Examinan su entrega, su lealtad absoluta, su infinita paciencia. Si suspenden la prueba, es entonces cuando los devoran.

Hasta el último huesecillo.

La Revolución es tan hambrienta como los hijos que engendra.

Gabriel era un tipo inteligente y no tenía la menor intención de ser devorado. La Revolución era como Dios: tal y como se lo dio todo, también se lo quitó. Sus grados de oficial. Su medio de locomoción. Gabriel no era de los que, ante la primera contrariedad, se retiran a maldecir bajito el poder que los ha despreciado. No. Gabriel era joven. Podía esperar a que se aplacara el temporal que cayó sobre su ministerio. Esperar a que se acordaran de él. A que lo volvieran a llamar a cumplir tareas para las que lo programaron desde la adolescencia.

Para no perder la práctica, me tenía a mí. Para conservar sus reflejos de centinela y defensor de la Revolución, digo. Aunque solo se tratara de una defensa retórica, verbal. Gabriel no era fanático de la ideología oficial. Se consideraba pragmático, como pragmática era la misión de los oficiales de la Seguridad del Estado, la Dirección General de Inteligencia o cualquiera que fuera el departamento que le diera empleo. No intentaba defender la superioridad ideológica del poder al que servía. Ni la moral. Defendía su superioridad a secas. Fue el primer representante de Aquello al que le escuchara elogiar a Ronald Reagan. «¡De tonto nada! ¡Reagan nos puso a correr!», decía.

Como ejemplo del pragmatismo que caracterizaba la institución a la que había servido, me puso el del sofisticado sistema de interferencia creado para evitar la entrada en Cuba de la señal de TV Martí que se emitía desde la

Florida. Según el Gobierno, de permitirse que penetrara la señal al país, no solo se corría el peligro de que se confundieran las mentes más débiles, sino también de que el honor nacional quedara mancillado. No se escatimaron recursos para bloquear las emisiones. El éxito fue total. ¿Total? Bueno, no exactamente. Recibieron el aviso de que en un pequeño valle de la provincia de Pinar del Río la señal se veía con perfecta nitidez. Por todos los medios se intentó bloquear la señal que aparecía, insidiosa, en el televisor de la única persona que vivía en aquel valle. Sin resultado. Hasta que por fin un jerarca del MININT decidió que, si era una pobre vieja la única que podía ver aquella señal, el país podría vivir con eso.

A eso Gabriel le llamaba pragmatismo.

En serio. Aquella historia ilustra bastante bien la idea que tenía la Seguridad del Estado sobre su misión en este mundo. No pretender, como parecía hacerlo el régimen, que la totalidad de los cubanos creyera que aquel era el mejor lugar del universo. Les bastaba con que la gente, en caso de sentirse descontenta, no lo demostrara. O con que, si lo hacía, fuese solo en presencia de unos pocos conocidos. Si uno de ellos era informante, mejor. Supongo que, guiado por ese principio, Gabriel se dejó enredar por mí en discusiones que consumían jornadas laborales completas en un sitio en el que en realidad no había demasiado que hacer.

El meollo de nuestros debates es sencillo de resumir. Yo trataba de demostrarle racionalmente que aquel sistema que había consumido buena parte de la vida de la generación de mis padres y el comienzo de la mía era abominable sin redención posible. Él, en cambio, apelaba a argumentos tan sofisticados y originales como que:

- Lo que ocurría en Cuba pasaba en otros sitios y a todos les parecía natural.
- Yo desconocía las razones profundas por las que nuestro Gobierno tomaba decisiones aparentemente absurdas.
- Todo lo que nos pudiera molestar ahora en el gran esquema de las cosas estaba perfectamente justificado.
- Estaba sacando las cosas de contexto.
- Yo exageraba, obcecado por mi odio contra el sistema.

A veces, debo reconocerlo, podía tener razón.

Como sucedió con el extraño caso de los huevos sin yemas.

Un día, Cleo me sirvió una clara de huevo, frita, sin que la yema correspondiente apareciera por ninguna parte. Cuando le pregunté, me explicó que los huevos estaban llegando así, sin yemas. Debía de ser la falta del pienso con que alimentaban a las gallinas lo que hacía que pusieran huevos compuestos solo de claras. ¿Acaso el mismo Gobierno no había empezado a vender pollitos porque no podía alimentarlos?

Al día siguiente le pregunté a Gabriel: «¿Hasta dónde va a llegar este país de mierda en el que las gallinas ponen huevos sin yemas?».

Gabriel, acostumbrado a mi rebeldía de oficina, me miró y —moviendo la cabeza, sorprendido por los extremos a los que podía llevarme mi maledicencia— negó que eso fuera posible. Los huevos que estaban llegando a su casa eran normales, como siempre. Puede que más pequeños, pero con la yema completa.

La vez siguiente que Cleo sirvió huevo frito, la clara no llevaba otro acompañante que su propia blancura. Y la siguiente. Y la próxima. Que no era todos los días. ¡Dichosos aquellos tiempos en los que nos quejábamos de que lo único que había para comer eran huevos! Así fue durante más de un mes. Ya no le preguntaba a Cleo. Me comía la clara frita en silencio y al día siguiente le echaba en cara a mi jefe la incapacidad del Gobierno para hacer que las gallinas produjeran otra cosa que huevos mutilados. Mi jefe, azorado, se limitaba a responderme que en su casa los huevos llegaban a la mesa con menor frecuencia, aunque con la misma estructura de siempre.

Así hasta que en mi cumpleaños Cleo sirvió como postre un dulce de yemas. Durante semanas —me explicó muerta de la risa— en algún rincón del refrigerador había estado acumulando las yemas que les quitaba a los huevos para hacerme el dulce que tanto me gustó en una de mis primeras visitas a su casa. Para darme esa sorpresa. Cuando le conté a Cleo mis discusiones con Gabriel, estuvo burlándose de mí por un buen rato. Todavía lo hace cada vez que se acuerda.

Al día siguiente debería haberme disculpado con Gabriel. Explicarle la broma de Cleo. Pero... que se jodiera. Para una vez que tenía razón, no iba a dársela.

Y así pasaban días, semanas, meses. El exmiembro de la casta de los guerreros y el paria con pretensiones intelectuales. Nuestras vidas no estaban destinadas a cruzarse más que alguna vez en una esquina, con el semáforo en rojo, él en su Lada y yo atravesando la calle a pie, intercambiando miradas de mutuo desprecio. Pero ahí estábamos, por las veleidades de la inmensa centrífuga llamada Revolución Cubana, en aquel rincón polvoriento de la ciudad, discutiendo sin descanso sobre la bondad o la maldad esenciales del régimen. Dándonos tregua apenas para ocasionales intercambios comerciales o el par de veces que fui a destilar mi garrafón de vino de romerillo en el alambique que tenía en su casa. Emborracharnos con la cata de la destilación, olvidándonos por unas horas de nuestro antagonismo natural.

Cuando Gabriel fue separado del ministerio y eligió ser director del museo en el que yo trabajaba, no sospechó la tortura kampucheana que sería tenerme de subalterno.

Y todavía le faltaba pasar por la emboscada conceptual que venía planeando con un par de amigos más.

Robos

Antes del socialismo existía el robo. Después también. No insinúo que el socialismo sea una variante del robo, sino más bien al contrario: el robo es otra manera de redistribuir la riqueza. O la pobreza, según cómo se vea. Pero ninguno de los dos genera bienes, solo los cambia de manos.

Lo que sí genera el robo es ansiedad. Ansiedad de que te puedan robar lo poco que tienes. Una ansiedad que te hace buscar candados, cadenas, llaves. Encadenar bicicletas, los sillones del portal, enjaular los bombillos de la entrada de las casas y los edificios para que no los roben. Guardar los puercos en el baño, enrejar los gallineros, los patios, las casas todas. Pero el enrejamiento de las casas vino más tarde, cuando reaparecieron las diferencias sociales, los hierros y los materiales para las soldaduras.

Mientras tanto, la gente se robaba cada cosa a la que dejabas de prestarle atención por unos segundos. Todos entregados rabiosamente a la redistribución de la riqueza.

El miedo a ser desvalijado al menor descuido afinaba los instintos. Te enseñaba a vivir alerta cada segundo de tu existencia so pena de que mientras te atabas el cordón de un zapato te robaran el otro.

Eso es una hipérbole.

Esto no: una noche veíamos la televisión en la sala de la casa. Mientras, en el portal, rodeado por rejas y muros, se llenaba un cubo con un hilillo de agua procedente de la única llave lo suficientemente baja como para que de ella saliera algo. Seguíamos la trama de alguna telenovela brasileña cuando, a unos metros de nosotros, alguien reunió audacia y destreza suficientes para robarnos el único cubo de plástico que teníamos en casa para acarrear agua potable. O quizás no tuvo que reunir nada. Quizás la destreza siempre estuvo allí y la audacia era apenas parte de la común desesperación.

Donde se carece de casi todo, cualquier tontería es un tesoro. Los robos de animales, ropa o comida dejaban tras de sí un vacío tan irremplazable como la pérdida de un familiar cercano o un amigo. A un vecino se le habían metido en la casa para robarle la olla de presión con los frijoles aún calientes. Los frijoles estaban cada vez más caros y para conseguir una olla debías viajar en el tiempo y casarte una o dos décadas atrás, cuando, junto con el matrimonio, te daban derecho a comprar una. O viajar a un tiempo demasiado remoto para que cupiera en nuestra memoria. Un tiempo en el que para comprar una olla bastaba con tener dinero.

Poco antes de irme de Cuba fuimos a la boda de una amiga de Cleo. Nos divertimos, comimos algo y bailamos mucho. Al regresar a casa lavamos la ropa. A mano, como siempre. Y la colgamos en el patio de la casa. Error mayúsculo. Aunque era un patio amurallado por una pared de unos dos metros, a la mañana siguiente aquella ropita miserable había desaparecido. Con toda su modestia, era nuestra ropa de ir a las bodas y otras ocasiones elegantes. A mí me robaron una camisa de rayas y un pantalón verde claro, de los que en tiempos normales se vendían en las tiendas en moneda nacional. El vestido de Cleo, en cambio —un vestido de algodón de fondo verde oscuro cubierto de flores—, costaba en moneda dura lo que seis o siete meses de mi salario. Eso no se quedaría así. A la semana siguiente dejamos alguna ropa de cebo y nos apostamos mi hermano y yo durante horas, con machetes, esperando agarrar al ladrón. Pero no apareció en toda la noche.

En el cementerio, los parientes de los difuntos protestaban porque los sepultureros se habían robado algún objeto que debía acompañar al cadáver mientras este se desintegraba en el ataúd. Desde joyas hasta botellas de ron. Al exhumar un cadáver para hacer espacio a los muertos frescos, solía estar presente algún pariente que había participado en el entierro original. Así, de paso, comprobaba con sus propios ojos cómo se habían evaporado las joyas o las botellas. No obstante, el caso más sonado mientras estuve en el cementerio no tuvo que ver con una exhumación, sino con un muerto fresco. Un cadáver enviado desde Miami vestido completamente de blanco al que, a su llegada al cementerio, apenas lo envolvía una sábana. En el viaje del aeropuerto al cementerio los camilleros de la ambulancia desvalijaron al muerto. Los familiares del fallecido no habrían detectado el robo de no ser por la llamada que recibieron del otro lado del estrecho de la Florida detallando la vestimenta. Y los zapatos, que también eran blancos.

Había robos que ni siquiera se consideraban como tales porque se le hacían a la entidad que nos tenía en la indigencia. Hablo del Estado. A esa especie de robo nunca se le dedicó otro verbo que el de «resolver», pero desde el comienzo del Hambre la «resolvedera» había alcanzado unas dimensiones descomunales. Todos robaban lo que el Estado pusiera a su alcance.

Los panaderos siempre habían robado los ingredientes con los que hacían el pan, los carniceros la carne y los bodegueros el arroz o el ron, pero a partir del noventa no había ayudante de laboratorio lo suficientemente pusilánime para no robar un poco de alcohol. Bastaba con que tuvieras a tu alcance algo vendible o útil. O ni siquiera. En medio de una miseria tan exhaustiva como la cubana, todo parecía aprovechable. Aunque a veces terminara siendo dañino. Se hablaba de gente muerta o ciega por la ingestión del metanol que le habían vendido como alcohol potable. O de otros que murieron tras consumir harina envenenada con mierda de ratones. Al parecer alguien había encontrado un saco de harina en el almacén de un teatro donde se usaba para fabricar objetos de atrezo y pensó que sería buena idea venderlo. Así de precisos eran los rumores.

No se juzgue con dureza a un pueblo entregado al desesperado oficio de la supervivencia. Piénsese en el caso del Museo de Santiago de las Vegas. Un museo que contaba en su colección con obras de Mirta Cerra, Mariano Rodríguez, René Portocarrero y otros miembros de la plana mayor de las vanguardias republicanas. Lujo excesivo para un pueblo como Santiago de las Vegas, había sido posible gracias a una serie de conexiones y felices coincidencias. Pues tal reserva de la cultura local amaneció un día rodeada de carros de policía. De inmediato se regó que alguien había robado el museo. Frente a este vivía un profesor de pintura que, al enterarse, desolado, fue a comentarle a mi amigo Tejuca lo duro que sería ese golpe para el pueblo.

Tardaron horas en enterarse en qué consistió el botín de los ladrones: un inodoro, un bidé y un ventilador. Ninguno de los objetos robados estaba firmado por un dadaísta del patio, aunque a los efectos del museo eran tan irremplazables como si fueran obras maestras del vanguardismo isleño.

Fue una suerte. No siempre el patrimonio de la nación estaba protegido por la ignorancia de los saqueadores. Ya hablé de los asaltantes del cementerio, muchos de ellos enterradores, que sabían exactamente lo que debían robar y dónde. No fue un caso único. Todas las instituciones culturales que atesoraban objetos de algún valor fueron sometidas al continuo acoso de guardas jurados, cuidadores, personal técnico y administrativo. Hasta del mismísimo Museo de la Ciudad desaparecieron las gafas del principal estratega militar de la independencia cubana, el general dominicano Máximo Gómez. Ya fuera porque se resignó a que no aparecerían o por tapar su responsabilidad en el robo, el director del museo mandó a sustituir las robadas por gafas con un currículum bastante menos relevante. Todavía, me cuentan, se exhiben como si fueran las originales.

El saqueo fue especialmente enconado en el último empleo de Cleo en Cuba: la Biblioteca Nacional. Bibliotecarios y empleados arramblaban con cuanto libro, revista, documento o grabado pudiera traducirse en dólares. Dólares que a su vez se convertirían en botellas de aceite o pastillas de jabón. Entre los libros que más exaltaban la codicia de los empleados estaba el famoso *Libro de los ingenios* impreso a mediados del siglo XIX con bellos grabados de fábricas de azúcar de la época. De dicha edición apenas quedaban un par de docenas de ejemplares en todo el mundo, cuyo valor ascendía a decenas de miles de dólares o a contenedores rellenos de aceite de cocina y jabones. No sé si habrá quedado algún ejemplar a salvo. Todo eso sin hablar del contrabando de obras de arte y objetos suntuosos que los jefes de instituciones —en coordinación con los dueños del país— llevaban a cabo con compradores extranjeros. La acumulación originaria de riquezas de la burguesía cubana a lo largo de siglos sufrió dos devastadores asaltos. Uno de ellos, más documentado, ocurrió al triunfar la Revolución de 1959, que no solo se saldó con la apropiación por parte del nuevo Estado cubano de los medios de producción, sino también con el saqueo de colecciones de bienes muebles e inmuebles y artículos suntuarios de todo tipo. El otro fue el silencioso expolio que quienes controlaban dicho Estado acometieron a partir de la década de 1990, siendo secundados en dicho saqueo, con no menos discreción, por el resto del pueblo cubano.

El viejo

Durante años comer en casa fue una experiencia desagradable. No por la escasez o la mala calidad de la comida. Por deliciosa que fuera la cena, resultaba difícil de tragar, y yo tenía al menos el 50 % de la culpa. Y es que, durante mi lenta epifanía sobre lo opresivo que era Aquello, me dedicaba a practicar mis argumentos con el representante de la autoridad que tenía más a mano. Sí, mi padre.

Comparada con la de otros, la devoción de mi padre por Aquello era más bien discreta, pero firme. No siempre había sido así, como vine a descubrir más tarde. Mi padre fue de aquellos jóvenes que, a la edad en que se empezaba a perderles el miedo a las muchachas, arriesgaron su vida frente a los policías de Batista robando armas, poniendo petardos y vendiendo bonos clandestinamente. Tenía planes de unirse a la guerrilla en su cumpleaños, solo que para esa fecha los guerrilleros llevaban tres días en el poder. De niño yo escuchaba extasiado historias que ahora esgrimía contra él, una cucharada tras otra, a la hora del almuerzo. En realidad, nunca discutimos su moderado aporte al advenimiento de Aquello. Sí discutíamos cómo conseguía seguir creyendo en un régimen que obviamente le mentía y nos negaba los mismos derechos que decía proteger. Recuerdo muy pocas discusiones concretas, y me alegro.

Una de aquellas batallas dialécticas versó sobre un músico «castigado». Sus crímenes habían sido encontrarse en el extranjero con su hermano exiliado y declarar que no le molestaría cantar con una famosa cantante exiliada. Eso decían los rumores. Nunca se anunció públicamente por qué el músico fue desterrado de todos los medios nacionales y enviado a un pueblo perdido en el otro extremo del país. La posición de mi padre era la de un verdadero creyente: si lo habían castigado, por algo sería. Empecé cuestionando por qué no teníamos derecho a enterarnos de lo sucedido para pasar a discutir que nos prohibieran decir lo que pensábamos o reunirnos con quien quisiéramos. Para ese entonces ya estaríamos dando golpes en la mesa, atragantándonos con la comida y jodiéndole la digestión al resto de los comensales. Así, semana tras semana, mes tras mes, año tras año. Una suerte que no coincidiéramos a la hora de comer todos los días. Solían ser discusiones de fin de semana, de las que salíamos más convencidos de nuestros respectivos puntos de vista al mismo tiempo que perplejos ante la ceguera irredenta del otro.

Mi padre no había sido siempre el obcecado defensor de Aquello de mi juventud. Luego de ser militante del Movimiento 26 de Julio, luego de las conspiraciones y los petardos, se decepcionó ante el giro comunista que dio la Revolución que tan modestamente había apoyado y a cuyo triunfo había contribuido. Así que volvió a las conspiraciones y los petardos hasta que uno de sus mejores amigos, sospechando en lo que andaba, quiso devolverlo al redil revolucionario. Puedo imaginar la conversación: versaría sobre la esencia moral de la Revolución, más allá de las etiquetas ideológicas que le pusieran. Sobre la vieja lucha de la humanidad por su total redención. El hecho es que mi padre terminó convertido a la fe revolucionaria. Una conversión lo bastante profunda como para que, treinta años después, siguiera firme en su fe, impermeable a la realidad. Su amigo, en cambio, a la altura de los noventa había dejado de profesar cualquier fe. Hacía una década había eliminado toda inquietud espiritual pegándose un tiro en su despacho en la sede de la Seguridad del Estado.

Desde aquella conversación, la fe guio los pasos de mi padre. Si alguna vez había soñado con hacerse médico, terminó graduándose como ingeniero porque era lo que la Revolución necesitaba en ese momento. Fueron la fe y sus efectos secundarios lo que lo hicieron salir de su provincia, participar en zafras, programas de repoblación forestal y escuchar todos los discursos de Quientusabes como quien iba a misa en tiempos de Carlomagno. Todo eso sin la más mínima hipocresía o fingimiento, pues mi padre está genéticamente incapacitado para el disimulo. La fe incluso lo llevó a convencer a mi abuelo de que entregara su finca al Estado a cambio de una pensión risible bajo la convicción de que su nuevo propietario iba a atender mejor aquellas tierras.

Pero la Revolución, que todo lo sabe y lo ve, no estaba dispuesta a perdonar por completo la resistencia inicial de mi padre a aceptarla en su corazón. Poco importaba la posterior devoción de mi padre por ella. Eran irrelevantes el porcentaje de su tiempo libre que dedicaba a trabajar gratis o la insistencia con que nos adoctrinaba en las virtudes de Aquello: sus intentos de ingresar en el Partido Comunista eran rechazados rutinariamente bajo el argumento de «incorporación tardía». La Revolución, en su sabiduría infinita, se resistía a confiar del todo en quien había acudido a sus brazos con cierta tardanza. Alguien capaz de dudar de la Revolución cuando refulgía con su mejor luz era capaz de cualquier cosa.

Lejos de ofenderlo, a mi padre le complacía la condición de «librepensador» que le endilgaron en tono acusatorio. Esa sospecha de heterodoxia le daba a sus convicciones más bien ortopédicas una apariencia flexible que lo hacía sentirse más cómodo consigo mismo y con sus principios. Hasta que aparecí yo en versión adolescente a cuestionarle sus certidumbres y su autoridad de patriarca. Mucho más de lo que un padre cubano está dispuesto a soportar.

Lo que mi padre defendía en los últimos años con tanta vehemencia no eran sus convicciones. Ni siquiera su autoridad. Defendía las decisiones tomadas a lo largo de su vida en nombre de aquella fe. Aunque reconociera que no eran necesariamente buenas. De todas, la que más lamentaba era haber convencido a mi abuelo de que entregara su finca al Estado. En parte por hacerle perder tierras que pertenecieron a la familia por generaciones. En parte porque le gustaba imaginar que, de haber conservado aquellas tierras, ahora podría alimentar a la familia.

No fueron nuestras discusiones indigestas a la hora de comer las que terminaron abriéndole una brecha a la fe de mi padre. Si algo lo convenció fue la realidad. La comprensión de que toda su vida de trabajo como uno de los mayores expertos en los bosques locales no le servía de mucho ahora que le tocaba pensar en su retiro. Saber que todos sus títulos no le alcanzaban para alimentar a su familia o reparar la casa en la que vivía.

Nunca esa sensación de derrota se le hizo más palmaria que cuando fue a recoger un paquete que le enviaba una amiga con unos técnicos belgas de la cervecera Heineken en México. Los técnicos, de paso por La Habana, regresaban a vivir de su retiro en su país. Mi padre tuvo que encontrarse con aquellos belgas rozagantes y despreocupados para comprender en lo que se había convertido toda su vida de trabajo. No tenía dinero en el banco y vivía en una casa cuyo propietario, el Estado, no le permitía comprársela. El mismo Estado al que mi abuelo le había entregado su finca. Sí, quince años atrás, el Estado le había concedido el raro privilegio de venderle un Fiat argentino, pero ahora ni podía conseguir gasolina para hacerlo andar ni podía venderle el carro a nadie más que al Estado mismo, al precio que el Estado decidiera. Un precio de mierda.

De aquella conversación con los técnicos belgas mi padre sacó, aparte de la amarguísima certeza de lo idiota que había sido al entregarle sus mejores años a aquel sistema, unas cuantas gorras verdes de la Heineken. Coronaba las gorras una estrella roja, insignia de la marca, que regresaba al logo original ahora que las estrellas rojas del comunismo se habían apagado en casi todo el mundo.

A mi padre le iba a hacer falta. La gorra, digo.

Porque, en un intento desesperado por darle de comer a su familia, vendió el carro. No puedo imaginarme su dolor al desprenderse del objeto que marcaba el punto más alto de su reconocimiento como científico, ese que le había permitido recorrer todo el país con su familia. Lo mucho que debió herir su orgullo que el comprador de su carro fuera uno de los que habían hecho fortuna reciente en el mercado negro. Apenas se consolaría con la ilusión de que esos mil quinientos dólares que recibió por la transacción ilegal alcanzarían, según sus cálculos entusiastas, para alimentar a su familia por cinco años.

En eso también debió sentirse afortunado. El 90 % de los cabezas de familia del país no tenían carro del que desprenderse para hacer frente a la hambruna. Ni antiguos viajes por la isla que recordar. Solo hambre sin atributos.

Si hablé antes de la utilidad de la gorra, es porque a partir de ahora mi padre tendría que ir en bicicleta a todas partes. Incluso para visitar a mis abuelos en Santiago de las Vegas. Necesitaría algo que lo protegiera del sol y del polvo que lo envolvían durante los dieciocho kilómetros de pedaleo de ida y los dieciocho de vuelta. Una semana tras otra.

Falsificaciones

«Todas las cosas se esfuerzan por persistir en su ser», decía un judío de Ámsterdam, pulidor de lentes y filósofo en su tiempo libre. Ante una realidad que se desmaterializaba —como era el caso de la realidad cubana a principios de la década de 1990—, la manera más socorrida de cumplir con el dictamen de Baruch Spinoza era falsificándola. Buscándole sustitutos y presentándolos como si fueran idénticos al original.

El Estado cubano fue siempre nuestro guía en eso de falsificar la realidad. Uno de los principios esenciales del socialismo reza: si el Estado hace como que te paga, haz como que trabajas. Pero en tiempos de crisis la simulación no era suficiente. Para que las cosas pudieran persistir en su ser, la falsificación debía ser monstruosa y desvergonzada. Si antes del Hambre se decía que lo que nos vendían como café eran en realidad chícharos tostados, ahora los chícharos eran sustituidos por alguna otra sustancia imposible de determinar. Todo habría quedado como una muestra más de la usual desconfianza popular hacia todo lo que provenía del Estado de no ser por el anuncio oficial, años después, de que los chícharos regresaban a la composición original del café que bebíamos. Y la pregunta que quedaba en pie era: ¿si volvían a echarle chícharo al café, qué era lo que le estaban echando hasta ahora? Porque café no era.

«Para que una sustancia persista en su ser a través de falsificaciones deberá ser tan escasa como demandada», habría concluido Spinoza de haber vivido en la década de 1990 cubana. Ni siquiera se requeriría que sus consumidores fueran especialmente tontos. Bastaba con la desesperación. Por eso, nada se adulteraba más que los productos cárnicos. Fue el Estado, como solía suceder, quien dio el ejemplo. Puso a la venta sustitutos de la carne con nombres como «picadillo de soya», cuando en realidad era una mezcla de soya para consumo animal, importada desde México, con desperdicios de la industria cárnica que en cualquier otro rincón del planeta no habrían servido ni para alimentar a los cocodrilos. También aparecieron el llamado picadillo texturizado y la pasta de oca, de los que, considerando su aspecto, no nos atrevíamos siquiera a imaginar su composición.

Allí donde el Estado no se atrevía, contaba con Nitza Villapol, la Cocinera Nacional. Villapol era una reliquia del antiguo régimen, de los tiempos en que ofrecía a diario por televisión «recetas fáciles y rápidas de hacer» preparadas con productos de las compañías que patrocinaban el programa. A partir de 1959, ya sin competencia, la

Gastrónoma Patria seguía proponiendo recetas compuestas por los productos que ponía a su disposición el Estado que patrocinaba el programa. Ya para la década de 1990, hacía rato que Nitza se presentaba solo una vez a la semana, los domingos, pasándose por completo de la culinaria a la alquimia. Lo mismo preparaba en cámara una carne picada en la que las cáscaras de plátano verde molido y adobado hacían las veces de carne que cocinaba un bistec hecho de cáscara de toronja. Y, de postre, un boniatillo en el que la Villapol sustituía el boniato por la papa y el nombre original por «papatillo». Si dijera que no imitamos tales experimentos en las casas, que nos resistimos a ese ultraje gastronómico, que preferimos morir de hambre antes que comer aquella mierda, mentiría como un bellaco. La prueba es que estoy vivo. Los supervivientes nos dedicamos a sobrevivir, esto es, a persistir en nuestro ser. Aunque no tuviéramos a mano los materiales apropiados para hacerlo.

La leyenda urbana insiste en dos falsificaciones que robaron nuestra imaginación durante años.

Dos falsificaciones que, para muchos, resumen el Período Especial, pero no conozco a nadie que las experimentara de primera mano. Me refiero al bistec de frazada de limpiar el piso y a la *pizza* con condones derretidos en lugar de queso. Dicen que alguna vez alguien los vendió y que otro alguien los comió. Es posible que existiera lo primero, pero dudo mucho de lo segundo. El hambre puede llevarte a comer plástico derretido, pero no a que lo confundas con queso.

Para confundirnos se usaban elementos algo menos distantes del original. Como aquellos chorizos que me vendía una vecina rellenos de zanahoria en lugar de carne. Ni siquiera fui yo quien descubrió el engaño. Tan desacostumbrado estaba al sabor del chorizo como al de las zanahorias.

O aquellas croquetas de pescado que iba a comprar con sigilo digno de mejor causa a un barrio a media hora en bicicleta. Engrudo de masa indescriptible y sabor infame que hacía de sustituto simbólico de la proteína. Era esa condición alegórica —de alegoría al pescado, quiero decir— lo que nos hacía comprar un paquete de aquello mes tras mes.

«Todas las cosas se esfuerzan por persistir en su ser», decía el filósofo pulidor de lentes. Pero, cuando se trata de humanos, no es difícil confundir el ser con sus costumbres.

Abuelo

A mi abuelo nunca le gustó Aquello. O puede que sí. Quizás durante los primeros meses en que Aquello se deshizo en promesas con todo el mundo. En que negaba lo que era y afirmaba lo que no iba a ser. «La Revolución era verde como las palmas, decían», me recordaba mi abuelo. Y se detenía allí mismo. Como si no necesitara nada más para completar la acusación. El viejo rencor de gente que se sintió engañada cuando la Revolución cambió de color. No era solo una cuestión cromática. La Revolución había llegado para frustrarle a mi abuelo el mayor negocio de su vida. No recuerdo los detalles, pero incluía una venta de ganado que luego se convertiría en algo más que a su vez se multiplicaría en dinero o propiedades. Algo así como la versión adulta del cuento de la lechera. Una trama parecida a la de los planes de Quientusabes. Con la diferencia de que los planes de mi abuelo no involucraban a todo el país. Mi padre se reía de mi abuelo, recordándole su perfecta incapacidad para los negocios. Mi abuelo, decía, fracasó con un bar que derivó en lugar de fiestas para sus amigos. Y arruinó un banco de apuestas ilegales por empeñarse en pagarles los premios a los ganadores.

Lo que mi abuelo no le perdonaba a Aquello fue que le embargaran la finca aun estando dentro del límite permitido por las nuevas leyes. No le bastó recuperarla después tras meses de reclamaciones. Nunca les perdonó el disgusto. Vuelto a la tensa normalidad de Aquello, mi abuelo se encerró en su rencor mal disimulado. Alguna vez lo vi ir a la tienda de víveres cercana a su finca a comprar la cuota que los burócratas de La Habana le habían destinado a cada uno de los habitantes del país. Inspeccionaba los plátanos como si tuvieran alguna plaga y soltaba: «¿Y a esto lo llaman plátano?»; el colmo de la rebeldía permitido si preferías no caer preso. No sé si mi abuelo llegó al desafío de bautizar a sus bueyes como «Comandante» y «Bandolero» para darse el gusto de insultar al origen de sus desgracias mientras araba la tierra. Sí recuerdo que una de sus vacas se llamaba «Porvenir», lo que bastaba para que a mis seis años fuera mi favorita. ¿No era el porvenir el mejor de los tiempos posibles? ¿Acaso todo el país no luchaba para alcanzarlo? Hasta que mi abuelo me aclaró que la llamaba así porque era la última vaca que llegaba al corral, la última que quedaba por-venir.

Mi abuelo no era inclinado a quejarse. Ni del Gobierno o de cualquier otra cosa. Pero cuando se encontraba con alguien de confianza, en esas conversaciones donde la complicidad hace superfluo llegar al final de las oraciones, mi abuelo soltaba alguna frase que bastaba para revelar sus ideas políticas. Algo así como: «Esto está peor que cuando Machado».

Se refería al Gobierno presidido por Gerardo Machado Morales entre 1925 y 1933. Tan bien le fue en sus primeros tres años en el poder que decidió proclamarse dictador. Hasta que en 1929 estalló la bolsa de valores de Wall Street. Desde entonces, la dictadura de Machado fue el símbolo cubano del hambre. Pues, en opinión de mi abuelo, la mejor época de Aquello —época que el consenso popular sitúa a la altura de la década de 1980— era peor que el machadato.

Yo escuchaba aquellas afirmaciones como se hace cuando se trata de los abuelos: como excentricidades de alguien que pertenece a otro tiempo aun cuando siga en este. Como algo que no guardaba contacto con mi realidad ni, por tanto, estaba sujeto a sus juicios morales. Mi abuelo era la única excepción que yo hacía en mi vida de creyente en Aquello.

Aun así, en esa ocasión me atreví a comentarle:

—Pero Machado era un asesino.

—Deja que se le reviren a este para que tú veas cómo mata también.

Mi abuelo no me habló de los miles de fusilados que ya había por cuenta de Aquello, muertos de los que por fuerza tenía que saber. Se limitó a mencionar el potencial de Aquello para el crimen como quien enuncia una ley física.

Eso sí: mi abuelo evitaba discutir con mi padre. Lo quería con la devoción del hombre que se ha equivocado mucho y ha decidido enfocar toda su bondad en su único hijo. (Su único hijo dentro del matrimonio, quiero decir. Antes tuvo otros dos a los que no creo que tratara como tales.) La única vez que vi a mi abuelo y a mi padre envueltos en algo parecido a una discusión política, yo era demasiado pequeño para precisar los detalles. Todavía andaba la guerra de Vietnam. Recuerdo a mi abuelo a la defensiva, eludiendo un tema que vería como una distracción de su mundo inmediato. Y a mi padre insistiendo en lo mucho que debería interesarle aquella guerra que ocurría a X kilómetros de su finca. Mi abuelo apenas se atrevió a responderle que lo que ocurriera en Vietnam no era asunto suyo.

Fue lo más cerca que lo vi de oponerse a mi padre. Por lo demás lo obedecía ciegamente. Como cuando le pidió que entregara la finca. No le faltaba razón a mi padre. No porque el Estado fuera a cuidar mejor de la tierra, sino porque mi abuelo ya estaba demasiado viejo para lidiar, además de con los trabajos habituales que la finca demandaba, con los continuos robos de animales. Demasiado para un viejo en un país en el que estaba prohibido contratar mano de obra. Pero mi abuelo no obedeció a mi padre porque este tuviese razón. Lo hizo porque no sabía negarse a nada que le pidiera. Como cuando años después le pidió que él y mi abuela se mudaran a Santiago de las Vegas, para tenerlos más a mano y cuidarlos mejor. A dieciocho kilómetros en vez de quinientos cuarenta.

Nunca le oí a mi abuelo quejarse por haber tenido que entregar la finca, vender los animales, dejar de montar a caballo cada día. Con su sombrero tejano y su cuchillo al cinto con cabo de pistola, cosa impresionante en un país donde solo los policías portaban armas de fuego. Lo más próximo a la queja por la pérdida de la finca que le escuché fue un día que andábamos por el campo visitando amigos. Siete u ocho años después de rendir su finca a la insistencia de mi padre. Íbamos a caballo, conversando, cuando de pronto nos detuvimos ante una buena extensión de tierra desnuda. Una calvicie inmensa en medio del verde de aquellos campos y tractores cruzándola en todas direcciones como si no hubiera nada más importante en el universo que levantar polvo. En medio de las nubes coloradas se alzaba una casita minúscula que entre tanto tractor pasaba por almacén de piezas de repuesto. Algo así.

Mi abuelo se limitó a decir: «Esa era la finca».

Fue entonces cuando cubrí aquella tierra calva con hierba, le instalé cercas alrededor y rodeé el almacén de piezas de repuesto con un jardincito, con arbustos de ajíes, con corrales y galpones hasta poder aceptar que ese trozo de tierra sin sentido había sido la finca de mi abuelo, el paraíso de mis veranos. No le dije nada. ¿Qué podría haberle dicho?

Mi abuelo, insisto, no era hombre inclinado a la amargura. O sabía disimularla muy bien, que es más o menos lo mismo. Cuando mi padre lo hizo mudarse a La Habana lo aceptó sin entusiasmo, pero sin melancolía. Intentó adaptarse como mejor pudo. Los que temíamos que aquella criatura hecha para el aire libre y la montura del caballo se secara en medio del asfalto de aquel pueblito en las afueras de La Habana nos equivocamos. El abuelo pronto hizo amistad con los vecinos y se inventó la ocupación de ir a comprar galletas a Rancho Boyeros para revenderlas en el barrio. Menos por hacer dinero, o por nostalgia de sus tiempos de negociante frustrado, que por mantenerse ocupado, útil. Era su modo de alejar ese punto irreversible en que los viejos se sientan a esperar que la muerte pase a recogerlos.

El Hambre también destruyó el nuevo plan de vida de mi abuelo, su último proyecto como comerciante en miniatura. Pronto no hubo modo de transportarse ni galletas que comprar y revender. Pero en el momento de despacharse con cuchara amplia todo el rencor que había acumulado contra Aquello sin que nadie se atreviera a interrumpirlo, mi abuelo se abstuvo de cualquier comentario. En los años en los que la realidad le daba la razón con más fuerza que nunca, el viejo nos escuchaba desahogarnos en el más estricto silencio. Estricto pero elocuente. Como si no entendiera nuestra molestia tardía contra unas circunstancias que siempre le habían parecido atroces. Como asombrado ante nuestra extraña sensibilidad. O quizás no. Quizás lo que le frustraba, tanto como para no querer ni mencionarlo, era que, una vez acostumbrado a que Aquello hubiese destruido sus sueños, hiciera lo mismo con los nuestros.

De vez en cuando salía a caminar por el barrio con su cuerpo reducido, su bamboleo cojo de barco y sus brazos largos y todavía sólidos. Sin embargo, cada vez era más fácil encontrarlo en casa, sentado, leyendo el mismo libro: la poesía completa del falso poeta rústico conocido como El Cucalambé. Fue nuestro mejor momento. Por fin teníamos tiempo que dedicarnos. Yo a preguntarle por enésima vez cómo había perdido dos falanges del dedo índice. O por recuerdos que lo alegraran a él y a mí me ayudaran a tener una idea de qué era vivir en un mundo tan distinto del mío. Mundo de comida abundante y bromas medievales por el que mi abuelo se desplazaba, orondo, y donde se sentía vivo de una manera que yo ni siquiera era capaz de imaginar.

Moral y leyes

Aquellos fueron, si se quiere ver así, tiempos más libres. Los del Hambre, quiero decir. Luego de décadas de totalitarismo severo y consistente, casi norcoreano, donde a la realidad la forzaban a parecerse a la propaganda, el Período Especial, en medio de su miseria, fue una suerte de descanso. Cuando ya no podía hacer cumplir sus leyes como antes, abandonado de momento el principio de que «todo lo que no está prohibido es obligatorio», el Estado llegó a un pacto tácito con sus súbditos.

El acuerdo más o menos rezaba de esta manera: «Dejaré, en nombre de la supervivencia, que hagan cosas prohibidas por mis leyes mientras no pongan en peligro (directo o indirecto) mi poder sobre ustedes. Mientras tanto, quiero que les quede claro que el hecho de sobrevivir ya los hace culpables ante mí. No los meteré presos en honor a ese pacto, pero bastará que cuestionen mi poder para llevármelos presos por algún delito común».

Demostración práctica del principio anterior. 1993, elecciones al Parlamento. El objetivo declarado del Gobierno en esas elecciones era que todos los candidatos resultaran elegidos por el 99,9 % de los votos (el 100 % podría resultar sospechoso). El colegio electoral del barrio de mis abuelos estaba a punto de cerrar y todavía quedaban unos cuantos por votar. La jefa de la mesa se informa sobre los retrasados y entonces habla para que todos la escuchen: «¿Así que falta fulana? Yo no sé cómo se las va a arreglar para seguir vendiendo coquitos».

Así, hablando al éter, la jefa de la mesa le recordaba a la votante morosa que, al no cumplir con su deber ciudadano, toda la trama ilegal en que se basaba su subsistencia sería eliminada.

No habían pasado ni cinco minutos cuando la aludida apareció para votar.

En el extremo contrario de ese pacto estaba otro famoso incidente. Un conocido cantautor, cuyo atrevimiento en canciones y declaraciones lo situaba más allá del bien y del mal (o al menos un poco más allá del estrecho círculo del miedo en que nos movíamos la mayoría de los cubanos), fue asaltado mientras circulaba en su bicicleta por un elegante barrio de la ciudad, hábitat natural de la nomenclatura del país. Rodeado por los delincuentes, en lugar de dar las inútiles voces de alarma de «¡Auxilio! ¡Policía! ¡Me están asaltando!», soltó un «¡Abajo Fidel!». Los asaltantes huyeron al instante. Supondrían que, ante un grito de esa naturaleza, la policía se presentaría allí de inmediato. En cualquier caso, no iban a quedarse a comprobar si estaban equivocados.

El defecto de esa solución era que solo alguien como el cantautor se la podía permitir, con su fama de intocable. Si un común mortal se atrevía a ensayar la fórmula, corría el riesgo de perder mucho más que la bicicleta.

El pacto no escrito entre el Estado y sus súbditos tenía una peligrosa desiderata: donde el único «delito» punible es el político, para todo lo demás impera la ley de la selva. Pasar del «todo lo que no está prohibido es obligatorio» al «todo lo que no sea político está permitido» puede resultar liberador y, al mismo tiempo, pavoroso.

Por otra parte, engañar al Estado, recuperar lo que considerábamos nuestro, no creaba el menor conflicto de conciencia. Desde emplear buena parte de la jornada laboral en lo que nos pareciera más provechoso hasta eludir leyes particularmente absurdas, que, en un sistema así, eran casi todas. No titubeábamos cuando se trataba de falsificar documentos, burlar prohibiciones, traficar con comida o robar libros prohibidos. O lo que tuviéramos que hacer para fugarnos de ahí excepto, quizás, matar a alguien.

Puestos en el trance en que el Estado y la sociedad estén mirando para otro sitio, llega el momento de preguntarse: ¿qué es aquello que uno no se permitiría? ¿Qué no haría incluso sabiendo que no será castigado por ello?

En esos momentos de debacle moral absoluta, en los que la supervivencia rige todos tus actos, la ética depende únicamente de lo que decidas prohibirte.

Si durante el Hambre fuimos más libres que en ningún otro momento anterior, tampoco podíamos hacernos

ilusiones. Descubrimos que, gracias a la inercia pequeño-
burguesa no iba a ser mucho lo que nos permitiéramos.
Persistíamos en cuatro de los diez mandamientos: el cuarto («Honrarás a tu padre y a tu madre»), el quinto («No
matarás»), el séptimo («No robarás») y el octavo («No men-
tirás»), aunque, como dije antes, el Estado estaba excluido
de los mandamientos siete y ocho. Si había que robarle, se
le robaba. Si mentirle, se mentía. Si no le robé nada al Estado, fue porque tuvo el cuidado de no dejar nada de valor a mi alcance. Excepto tiempo, claro, y ese sí se lo esta-
faba sin misericordia: ya fuera para escribir en horario
laboral o para ir al cine en época de festivales, cuando único los cines abrían antes de las cinco de la tarde.

¿Y mentir? Todo lo que pudiera. Al Estado se le mentía
por costumbre, por sistema y porque de ello dependía tu
supervivencia. Falsificábamos todo lo que podíamos entre lo poco que se podía aprovechar en esos días: credenciales para el Festival de Cine, *tickets* para acceder a los
restaurantes o a los trenes, cartas de invitación para viajar.
Nos inventábamos instituciones culturales interesadas en
exponer nuestro trabajo en el exterior, cartas para acceder
a colecciones de libros prohibidos, *tickets* de comedores
oficiales. De haber podido falsificar pasaportes y boletos
de avión, lo habríamos hecho sin pensarlo dos veces.

Con el Estado cubano se era sincero solo para hacerlo
rabiar, pues nada le molestaba más que el hecho de que le
soltaran la verdad en su cara gubernamental. Porque eso
era parte esencial de su juego: saber que lo despreciabas

y obligarte a que aparentaras respeto. Para humillarte, supongo.

¿Tus textos tienen dobles intenciones? No, por supuesto. ¿Vas a ir al trabajo voluntario? Sí, por supuesto. ¿Piensas regresar a Cuba? Claro, por supuesto.

Debería haber un equivalente a las dispensas papales para todo lo que hubo que hacer para sobrevivir en aquellas circunstancias. De cualquier manera, no me beneficiaría demasiado. Mentía menos de lo necesario, aunque tengo una buena excusa: tenía muy poco que perder y la satisfacción que me daba decir ciertas verdades era mucho mayor que los beneficios de mentir.

Un día, de pronto, te das de bruces con casos que están más allá de las dispensas morales. De las circunstancias históricas o políticas. El resplandor súbito de posibilidades que tu temperamento más bien tímido y pacato es incapaz de concebir y que existen desde el principio mismo del tiempo humano.

Como lo que nos ocurrió en aquel viaje a Cienfuegos en el verano de 1992. Recuerdo el año gracias a que la memoria de una caminata por el centro de la ciudad se me aparece grapada a la de unos altavoces anunciando que el equipo nacional de voleibol femenino acababa de ganar el oro olímpico en Barcelona. Pero el caso que quiero referir no está asociado a ningún hito deportivo. La ciudad, fundada por franceses expulsados de la Luisiana en el siglo XIX y que siempre se preció de la hermosura y limpieza de sus calles, en aquellos olímpicos días estaba tan asolada por el

Hambre como el resto del país. Gracias a unos viejos amigos que nos encontramos en el tren que nos llevó a Cienfuegos conseguimos comida y alojamiento. Nos hospedamos en una edificación con aires de escuela abandonada que los locales conocían como el «hotelito de los rusos». Lo más seguro era que debiera el sobrenombre a haber sido albergue de los ingenieros y técnicos soviéticos de la que sería la central atómica de Juraguá, muy cerca de Cienfuegos. Para 1992 la Unión Soviética se había disuelto, los planes de construcción de la atomoeléctrica suspendidos, y esfumadas las posibilidades de crear un Chernóbil en medio del Caribe y volvernos fosforescentes. Aunque los rusos ya no ocupaban aquel hotel, por pura inercia lingüística seguían llamándolo como si aquellos técnicos graduados a la vera de Brézhnev todavía esparcieran por sus pasillos e instalaciones su legendario grajo.

Primera noche. Estamos sentados sobre una de las camas de la habitación, aún vestidos, cuando se abren paso a través de la pared que nos separa de la habitación contigua gritos femeninos. Desmayados, gozosos.

—¡Que se sepa, papi!: ¡qué clase de pinga tú tienes!

No reímos. Menos por imaginarnos las proporciones del sexo del acompañante de la mujer que por la insistencia de esta en compartir sus impresiones con el resto de la humanidad. Todavía estoy riendo cuando Cleo me susurra:

—Hay alguien en el balcón.

En un país con escaso acceso a la pornografía, no es extraño encontrar tipos que espíen por alguna rendija los cuerpos desnudos de sus vecinos. Los que practican tales costumbres tienen su propia taxonomía: rescabuchadores, mirahuecos, los llamaban. Pajeros y tiradores si acompañan la contemplación con el onanismo. No pienso en eso cuando me lanzo hacia el balcón. Para darle caza o espantarlo al menos. Al llegar al balcón apenas si puedo alcanzar a ver una sombra que se desliza hacia el balcón contiguo al de Quesesepa. Puedo dejarlo todo como está, pero no quiero pasar el resto de la noche pensando cuándo regresará. Si insistirá en convertirnos en su espectáculo porno particular. Y gratuito. Salgo al pasillo del hotel y, pasando por delante de la habitación de Quesesepa, toco en la puerta siguiente. La abre un hombre joven de ojos entrecerrados, bostezante. ¿Qué hacía en mi balcón instantes atrás? Le prometo las palizas imaginarias que abundan en esos casos mientras el otro se defiende con su cara de recién levantado y la explicación de que estaba durmiendo con su mujer cuando vine a despertarlo. En efecto, se oye desde el fondo de la habitación la voz de una mujer preguntando qué pasa. No insisto. No voy a seguir golpeando el resto de las puertas del piso hasta que alguien caiga de rodillas ante mí prometiendo nunca más fisgonear al prójimo.

A la mañana siguiente le comento a una empleada del hotel lo ocurrido. Me responde en el tono cansino de quien ha explicado algo decenas de veces. Es una pareja de hermanos, hombre y mujer, que a cada rato se alojan en habitaciones vecinas. El hombre con su esposa y Quesesepa con el amante de turno. Mientras la hermana hace el amor con su amante, el hermano los observa desde el balcón, quizás para excitarse lo suficiente como para hacerle el amor a su propia esposa. De esa parte, la empleada del hotel no puede hablar con exactitud. Los gritos de Quesesepa, más que expresión de placer, son la señal que le da a su hermano para anunciarle el inicio del espectáculo. La noche anterior, al ver nuestra habitación encendida, el hermano de Quesesepa quizás decidiera probar suerte, variar su programación y aventurarse en la función que pudieran ofrecerle unos desconocidos.

Un sistema erótico demasiado sórdido y complicado el de aquellos hermanos, ante el que el Hambre o la Historia deben ser declaradas absueltas. Una lógica contra la que se estrellarán por los siglos de los siglos todos los intentos de reformar este mundo. Es que la gente es muy rara.

Del Bobo, un pelo

Gabriel tuvo mala suerte conmigo. Desterrado del Ministerio del Interior, había recalado en aquel museo moribundo en busca de paz y, antes de poder reaccionar, estaba de nuevo en la mirilla del mismo ministerio al que ansiaba regresar. Un día antes de la programada inauguración de «Del Bobo, un pelo» había aparecido un tipo joven en moto que se identificó como agente de la Seguridad del Estado. Luego de un echarle una breve ojeada al montaje había preguntado dónde estaba el teléfono.

«Todo está bajo control», dijo por el auricular sin tomarse el trabajo de explicar lo que era «todo», como si tratara de tranquilizar a su interlocutor. A quien no tranquilizó fue a Gabriel, quien tendría mucho más claro que yo el significado de la frase, de la visita y del «todo» que se le avecinaba.

«Todo» había empezado unos meses atrás, cuando entre Ernesto, Tejuca y yo empezamos a jugar con la posibilidad de hacer una exposición en el museo sobre un personaje ficticio, el Bobo del caricaturista Eduardo Abela. Al

Bobo, personaje famoso por sus pullas contra la dictadura de Machado, sesenta años atrás, lo presentaríamos como mártir real de las luchas revolucionarias. En las vitrinas de la sala de exhibiciones temporales mezclaríamos reproducciones de las caricaturas con objetos que le darían al personaje la consistencia de lo real, la misma que la de los mártires que desfilaban por aquella sala a cada rato. Me puse en contacto con la nuera del caricaturista, muerto hacía casi treinta años, para que me prestara uno de sus trajes, muy parecido al del Bobo. En una compañía de teatro conseguí unos zapatos blanquinegros a la usanza del personaje. Al cura de una iglesia de los alrededores le pedí un cirio como los que esgrimía el Bobo para simbolizar su esperanza en el fin de la dictadura. En medio de un antiguo álbum de mi familia intercalamos imágenes del Bobo retocadas como si fueran fotos antiguas e incluimos un trozo de alambre negro como muestra de la escasa cabellera del personaje.

Y las caricaturas, claro. Tuvimos el cuidado de escoger aquellas que mejor representaran la situación en la que nos encontrábamos. En especial, las que hacían referencia a la falta de comida y de libertad.

Pensábamos que la censura se haría la desentendida. Durante décadas, el Bobo había sido uno de los representantes más famosos de la caricatura revolucionaria. Reconocer que sus dibujos podían resultar subversivos era aceptar el parecido entre la dictadura machadista y los tiempos que corrían. Pero, más que nada, lo hacíamos porque las ganas de joder que teníamos eran infinitas.

El catálogo lo confeccionamos en forma de banderitas cubanas de papel como la que enarbolaba el personaje en muchos de sus dibujos.

Conseguí música de la época a la que el personaje hacía alusión en un par de caricaturas.

Llevé un garrafón de vino casero, casi tan agrio como el que se mencionaba en varias de las viñetas.

Repartí invitaciones entre mis amigos y por toda la Habana Vieja.

Conseguí incluso colar un anuncio de la exposición en el principal periódico del país, el órgano del Partido Comunista.

Quizás eso los puso sobre la pista.

Porque después de que el agente de la Seguridad le aclarara por teléfono a su interlocutor que todo estaba bajo control apareció una delegación municipal del Partido. Esta incluía a una señora que había aparecido en el noticiero de televisión, orgullosa de haberle hecho tragar unos papeles subversivos a una poeta.

«No se preocupen, no somos censores —dijo el jefe de la delegación partidista—. No vinimos a censar.»

Mal andaban los censores si ni siquiera sabían nombrar lo que hacían.

Subieron con mi jefe al mezanine sin paredes que servía de oficina mientras proseguíamos con el montaje de la exposición. Como si no nos bastaran las señales acumuladas hasta entonces para saber que nos impedirían inaugurarla. Una hora estuvieron discutiendo con Gabriel, empeñado en defender nuestra inocencia, que en ese momento era la suya. Los otros insistían en el sospechoso detalle de que la apertura estuviera programada para el 4 de julio, Día de la Independencia de los Estados Unidos. Una de las pocas casualidades en una expo metódicamente insidiosa.

Cuando los censores del Partido salieron de la reunión fui a interpelarlos, pero insistieron en que no habían venido a hablar de la exposición. Como si la oficina hubiera tenido paredes o nosotros fuéramos sordos.

Se marcharon y seguimos con el montaje como si en verdad no hubiésemos escuchado nada.

A la hora del cierre del museo apareció el representante del Gobierno municipal para anunciarnos, oficialmente, que la exposición quedaba cancelada.

Hice un último intento por salvarla. Fui a casa de la principal especialista en el personaje del Bobo, quien a su vez era esposa de un altísimo funcionario cultural, otrora poeta. Si alguien podía detener esa barbarie, era ella. Incluso tenía programada una conferencia a muy poca distancia del museo poco después de la hora fijada para la inauguración de la expo. Le hice ver lo ridículo que sería censurar caricaturas que seis décadas atrás salían publicadas en los principales periódicos del país, en medio de una de las peores dictaduras de su historia. Intenté hacerle ver lo mal parada que saldría de su asociación con el Bobo ahora que había sido declarado oficialmente contrarrevolucionario.

Poncio Pilatos fue bastante más solidario con Jesús de Nazaret que la crítica con el personaje al que le había dedicado dos libros. Me miró con profunda desconfianza antes de decirme que no podría hacer nada por el Bobo. Ni siquiera pude comprometerla a que viera la expo por sí misma.

Y cumplió. Ni por curiosidad se asomó al museo. Sí aparecieron un montón de amigos míos y vecinos del museo para encontrarse con que no los dejaban pasar, algo doblemente doloroso sabiendo lo complicado que era llegar hasta allí desde casi cualquier parte de la ciudad. Intentando compensarlos por el esfuerzo, no se me ocurrió nada mejor que repartir banderitas-catálogos y hacernos una foto con todos los asistentes. En medio de los invitados estaba la imagen a tamaño natural del Bobo que Tejuca había creado para la ocasión.

Aquello no terminaría así. Gabriel no podía aceptar el estigma de permitir una exposición disidente. En aquel orden de cosas era él y no yo el responsable. Defender la inocencia de la exposición era defender la suya.

Estaba desesperado. Pidió reunirse con lo que la jerga burocrática de la época definía como «los factores». O sea, los mismos responsables locales de la prohibición de la expo. No fui parte de aquellas negociaciones, pero no me es difícil imaginar cómo transcurrieron. Gabriel habrá invocado su condición de revolucionario, de antiguo agente encargado de delicadas misiones en el extranjero, aunque sin detallar las circunstancias que lo apearon de tan brillante carrera para hacerlo recalar en aquel murruñoso museo. Sin duda se habrá extendido en la importancia del Bobo para la historia de la caricatura revolucionaria. Mencionaría mi juventud e inmadurez. O diría que mis deseos de hacer una exposición atractiva no me permitieron medir las consecuencias. Que pudiera interpretarse como una sátira del Gobierno era una lectura subjetiva que salía reforzada con la censura de que había sido objeto. Los habrá convencido de que la mejor manera de lidiar con un posible escándalo era abrir la exposición como si nada hubiese pasado.

Todo esto es especulación. Cuando regresó de su ronda de negociaciones me hizo saber que se abriría la expo a condición de que no hubiera inauguración y de que a la entrada pusiéramos un cartel explicando que las caricaturas expuestas habían sido creadas hacía sesenta años y formaban parte de la larga tradición de luchas de nuestro pueblo contra las dictaduras y bla, bla, bla.

A cuentagotas y atraídos por el Bobo a escala natural creado por Tejuca, se fueron asomando al museo amigos y desconocidos. Entraban en el museo en variable sintonía con aquella mezcla de objetos y caricaturas que les proponíamos mientras yo los observaba, como si esperara provocar ciertas sinapsis distinguibles a simple vista en sus cerebros ablandados por el hambre.

Un sábado apareció una pareja de extranjeros. Un hombre y una mujer, maduros, con el fulgor especial que irradian los turistas en medio de la miseria. Españoles, supuse. Dieron vueltas por la sala un buen rato y al salir me preguntaron si yo era el responsable de aquello. Respondí que sí y el hombre me dijo:

—Somos de Valencia, en España, miembros del Partido Comunista. Nos invitó acá la Unión de Jóvenes Comunistas cubana para mostrarnos el país. Durante una semana nos han llevado de un sitio a otro mostrándonos escuelas, fábricas y vaquerías. No nos han dado un minuto de descanso. Pero queríamos ver la ciudad por nosotros mismos, así que esta mañana hemos salido a caminar. Estamos alojados cerca y el primer lugar que nos hemos encontrado es este museo.

—¿Y qué les pareció la exposición? —pregunté.

—Mira. Nosotros crecimos bajo Franco y sabemos lo que es vivir bajo una dictadura. Nos bastó ver esta exposición para entender lo que está pasando. Solo en una dictadura hay que dar tantas vueltas para decir cualquier tontería.

—Espéranos un momento aquí. Regresamos en un momento —me dijo la mujer.

Y en efecto, al rato regresaron con una bolsa de papel. Dentro había una camiseta. Se veía usada, pero aun así lucía mejor que cualquier otra prenda de mi ropero.

La mujer murmuró unas disculpas por no poder ofrecerme nada mejor.

Yo le agradecí el regalo con toda mi alma. La camiseta apenas la pude usar, pero la complicidad que mostraron aquellos seres venidos de otro mundo bastó para justificar la exposición.

Apagones, parálisis

Se ha llegado al consenso de que el apogeo del Hambre se ubica en torno a los años 1992 y 1993. Días en que los cortes de electricidad eran de dieciséis horas y al regresar la corriente se hablaba de alumbrones. No apagaban toda la ciudad de golpe. Lo hacían escalonadamente, apagando y encendiendo barrios, municipios enteros, atendiendo a un orden calculado, pero indescifrable.

Ya la falta de transporte y comida y el cierre de la mayoría de los restaurantes, cafeterías y centros de diversión habían contraído la vida en la capital a límites de mera supervivencia. La gente se refugiaba en sus casas a consumir lo poco que podía reunir durante una jornada de forrajeo frenético, a engatusar el estómago con cualquier tontería y a rezar para que no le cortaran la electricidad durante la transmisión de la telenovela brasileña. Y poder dormir esa noche con los ventiladores espantándoles el calor. Esa era más o menos nuestra idea de la felicidad durante el Hambre: una noche con comida y electricidad.

No era común que tanta felicidad se juntara de golpe. Lo habitual, en medio del abatimiento producido por la acumulación de hambres, era quedarse sin electricidad. Cocinar a oscuras algo asqueroso si es que el gas de la cocina llegaba con suficiente presión. O verse obligados a cargar cubos de agua desde algún sitio no necesariamente cercano. Y, como único consuelo, pensar en que había quienes lo pasaban peor. Sin otro combustible para cocinar que ramas secas, pedazos de cercas, muebles viejos. Para hacerse un caldo con vaya usted a saber qué hierbas incluidas en nuestra súbitamente permisiva clasificación de sustancias comestibles.

Pequeños privilegios materiales adquirían el rango de ganancia espiritual. Había quienes podían conseguir ajo o puré de tomate o alcohol con relativa facilidad y, si la cantidad no alcanzaba para la reventa, al menos tenían la ilusión de ser parte de alguna élite: la élite de los que cocinaban con especias, la de aquellos a los que su dentista les reservaba un bulbo de anestesia. O la élite de los que podían emborracharse gratis con alcohol de laboratorio.

Mientras Cleo trabajó en un importante centro de investigaciones bioquímicas, perteneció a la élite de los que tenían transporte asegurado para ir al trabajo y dos comidas sustanciosas en el comedor del centro. Yo era de la élite de los que podían comer sobras de aquellas comidas, sobras que Cleo amorosamente envolvía en papel de aluminio. Un pedacito de pechuga de pavo, algunos trozos de calamar. Tesoros así.

Evitábamos compadecernos de nosotros mismos pensando en que otros estaban bastante peor. Aunque costara imaginarlo. Ya no nos valía el consuelo universal del hambre de África. Empezábamos a creer que lo del hambre africana era otro invento de la propaganda oficial. Como las crisis del capitalismo. (Tras el abandono de la utopía comunista, el capitalismo se convirtió en la nueva quimera. Porque lo que no se puede es vivir sin utopías. Aunque sea la utopía de comer y tener transporte y casa decentes. Más de una vez vi algún empleado de una tienda estatal disertando ante el mostrador sobre lo bien que funcionaría su establecimiento si él fuera el dueño, invocando la magia que obraría la propiedad privada en su tradicional desgano despachando comida.) Lo cierto es que el hambre africana ya no nos conmovía. ¿Podía ser peor que lo que estábamos pasando?

Si alguien todavía intentaba apelar al hambre de África, le contestaban: «En África al menos hay animales. Uno sale al patio con arco y flechas y siempre va a encontrar algo que echarle al caldero».

No trates de contradecir nunca la lógica de un hambriento terminal.

Se contaba este chiste: a La Habana arrasada por el apocalipsis del Hambre llega una delegación de la ONU. Luego de recorrer la ciudad fantasma, los visitantes encuentran a un viejo y a su hija sentados, harapientos, en la entrada de su casa. Al viejo, por entre los agujeros del pantalón, se le salen los huevos. La hija, dándose cuenta y apenada ante la visita, le advierte:

—Papá, cierra las piernas, que se te ven los testículos.

Uno de los enviados de la ONU comenta:

—Es impresionante cómo estas personas, en medio de sus carencias, todavía conservan ese recato al hablar.

A lo que le aclara la hija:

—Es que si a los testículos les digo «huevos», se los come.

No, no nos hacíamos ilusiones. No nos consolaba el viejo cuento de los niveles superiores de salud y educación de los que disfrutábamos. Veíamos cómo los profesores desertaban en masa del sistema educativo. Y los médicos del de salud pública. El más ínfimo puesto en un hotel era más atractivo que ser cirujano estrella del mejor hospital de La Habana para pacientes nativos.

Lo que me lleva a otro chiste. El del borracho que sube a un taxi y cada vez que pasa frente a un hotel grita:

—En ese hotel yo soy portero. Y en ese otro limpio la piscina. Y en aquel trabajo de recepcionista.

Así hasta llegar a su casa, donde lo espera la esposa. Mientras lo ayuda a bajarse del carro, el taxista le comenta a la mujer:

—Mire, cada vez que pasábamos frente a un hotel decía que trabajaba de esto y de lo otro y me he quedado con la duda. ¿A qué se dedica en realidad?

—No le haga caso. Él es solo neurocirujano, pero cuando se emborracha tiene delirios de grandeza.

Fuera de la élite que vivía en refulgentes islotes de electricidad, los apagones nos machacaban a todos por igual, uniéndonos en la desgracia común y reforzando la sensación de parálisis e indefensión que invadía todo el país. Los apagones eran más desmoralizantes cuando atacaban de noche y la oscuridad se adueñaba instantáneamente de todo el barrio. Era el momento de cagarse en la madre de Fidel Castro a gritos (unos pocos), o de darle las gracias con sarcasmo (unos cuantos más), o de tirar botellas contra lo que más rabia te diera (tan pocos que parece más bien fruto de alguna leyenda urbana). Lo que hacía el resto era tragarse la poca comida que hubiera y luego sentarse en la parte más fresca de la casa a esperar a que le cayera el sueño. O entregarse a ese sexo sudoroso y feroz provocado por una buena inmersión en las tinieblas.

En esos días los discursos de Quientusabes resultaban una bendición. Cuando hablaba casi se podía tener la certeza de que no cortarían el fluido eléctrico. El televisor se volvía un aparato más inservible que de costumbre, pero, ante el milagro de la electricidad, eso resultaba un mal muchísimo menor. No obstante, nadie lo apagaba porque los que organizaban nuestra vida contaban todavía con una carta de triunfo: la telenovela brasileña. Para asegurarse la audiencia, todos los discursos del Comandante se programaban en el horario de la telenovela del momento. Así inducían a la gente a encender el televisor con la esperanza de que el discurso no se alargara tanto como para que aplazaran hasta el día siguiente el capítulo programado. Una esperanza que muchas veces no se consumaba. No porque hablara el Comandante extenderían la programación mucho más allá de la medianoche. A menos que fuera el propio Quientusabes quien decidiera hablar más allá de sus habituales tres horas.

En los años que van de 1991 a 1993 Quientusabes pronunció un promedio de diecinueve discursos anuales. Es decir, a razón de uno cada diecinueve días. Sin embargo, en 1994 sus discursos bajaron abruptamente a diez en todo el año. Un discurso cada 35,5 días. Incluso entonces me parecían demasiados. Díganme esnob, pero prefería el sexo a oscuras a la esperanza de ver esa noche la telenovela.

La mayoría encendía los televisores durante aquellos discursos a la espera del capítulo correspondiente, tomando la precaución de silenciar al Comandante. Dejándolo en la gesticulación desnuda conseguían que pareciera más ridículo que de costumbre. No era difícil imaginar los principales temas de su perorata: la indetenible crisis del capitalismo, el hambre en el tercer mundo, la inagotable maldad del imperialismo y el espíritu heroico de nuestro pueblo para enfrentar dificultades de todos conocidas. Aunque, de ser posible, evitaba mencionar el asunto de las dificultades. Hablaba como si viviera en otro plano de la realidad al que nos invitaba a sumarnos. Un mundo de peligros abstractos y la batalla interminable contra estos que culminaba siempre con nuestra victoria. Supongo que para los pocos que seguían escuchándolo resultaba descorazonador el poco interés que mostraba su líder por la miseria en que vivían.

Seguramente me equivoco. Los que aún se animaban a escuchar sus discursos encontrarían en las palabras de Quientusabes el aliento que buscaban. Hallarían en su poco interés por la situación del país la prueba de que sabría sacarnos de aquella miseria y de que lo único verdaderamente preocupante era la situación del resto del mundo.

Discursos aparte, los apagones respondían a un orden que nunca desciframos hasta que en algún momento se estabilizó. Luego de las rachas bestiales de dieciséis horas de apagón por ocho de electricidad, finalmente se estableció una especie de tregua. Los cortes de electricidad empezaron a programarse por municipios y días de la semana, de manera que pudimos sincronizar nuestra resignación. El miércoles, día en que las tinieblas se enseñoreaban del municipio Diez de Octubre, se convirtió en el de la visita semanal a mis padres en Playa. Una rutina que nos permitía vivir como si los apagones no existieran, seguir la telenovela sin interrupciones y consolidar los vínculos familiares.

Ese idílico panorama era roto de vez en cuando por apagones fuera de programa que nos sorprendían en el municipio equivocado. Entonces sí que nos molestábamos. Gritábamos algo como: «Pero ¡este no estaba programado!».

La llama de la rebeldía nunca se apaga del todo.

Regreso al cementerio

Luego de la exposición del Bobo debería haberme puesto a buscar trabajo. No esperar a que me expulsaran del museo. Porque eso era lo que harían. Pero yo era el Hombre Nuevo que el Che Guevara llamaba a producir industrialmente. No es que confiara en la bondad de la Revolución, el Gobierno o el Partido. Un Hombre Nuevo es, sobre todas las cosas, un animal de costumbres, manso. Un ser con muy poca iniciativa y reflejos lentísimos. Yo seguiría yendo a aquel hueco polvoriento hasta que decidieran expulsarme. No se apuraron. La ocasión la tuvieron meses después, cuando decidieron cerrar el museo por reparaciones. Yo ya tenía experiencia con las reparaciones. Como cuando sucedió lo de Tarequex 91 y sus problemas de plomería decretados por el Partido.

Esta vez fue distinto: dijeron que una parte de los trabajadores serían reubicados en otros puestos dentro del mismo municipio. El resto debería buscar trabajo por su cuenta. El resto era yo.

Poco después de recibir la noticia me encontré con un conocido en el comedor al que habitualmente me escabullía para almorzar. Alguien que sabía de mis (malas) relaciones con Guarina, la jefa del equipo técnico del cementerio. Me anunció que Guarina había caído en desgracia. No conocía los detalles. Al parecer le habían dado una suerte de golpe de Estado y ahora mi antigua cómplice, Judith, la historiadora del arte con pasado diplomático y porte elegante, era la nueva jefa. Como Constantino cuando vio la cruz en el cielo, me sentí llamado si no a fundar una nueva Constantinopla, al menos a recuperar mi puesto en la ciudad de los muertos.

No fue difícil. Ser un viejo conocido me facilitó las cosas ahora que el equipo estaba en expansión y Judith buscaba asegurarse lealtades. Lo que para mí era un insilio amable, un pudridero donde simular que seguía ejerciendo de historiador, para gente como Guarina, Judith o Zoila Guerra era un imperio por el que valía la pena urdir conjuras y asestar puñaladas laborales. Eso me quedó claro cuando, a pocos días de mi regreso, Judith me invitó a su casa. Luego de servirme un licorcito dulzón quiso conocer mis opiniones sobre mis compañeros de trabajo, incluidos los que ella consideraba rivales potenciales. Judith se hubiera podido ahorrar la invitación y el licor. Como casi siempre, le dije exactamente lo que pensaba. Ella no pareció satisfecha: mis preferencias y animadversiones no se correspondían exactamente con las suyas. Sobre todo en lo referido a los arquitectos del equipo de restauración, tipos que me simpatizaban bastante.

Me aconsejó tener cuidado cuando me invitaran a beber porque podrían extraerme información sensible. Tomé nota de su consejo. Nunca volví a aceptarle una invitación.

El regreso al cementerio no fue agradable, al menos en principio. Nada más llegar me reencontré con viejos rencores y rutinas como quien se vuelve a poner una ropa que nunca le quedó bien del todo. Si algo redimía todo aquello era la tranquilidad que me concedía la nula atención que me prestaban superiores ya acostumbrados a la presencia de unos cuantos graduados universitarios. También me atraía la belleza del lugar y lo cerca que estaba de los pocos cines que seguían funcionando. Y de buena parte de mis amigos.

Retomaba contacto con gente que me veía regresar como si no me hubiera ido nunca. No trato de hacer un chiste si digo que, una vez que has trabajado en el cementerio, parece que nunca te vas del todo. Que siempre estarás condenado a regresar. Incluso antes de morirte.

Hablando de muerte, fue en esos primeros días cuando me enteré por una de las trabajadoras veteranas de que tres años después de mi estancia anterior se había duplicado el ritmo de enterramientos diarios. Con todo el país paralizado, algún sitio tenía que incrementar su productividad.

También descubrí nuevas complicidades a mi regreso. La primera de ellas con Manuel, arquitecto amigo de Horacio que había llegado tiempo después de mi partida. Compartía con Horacio la condición de gusano viejo, pero

debajo de su actitud defensiva y cauta no era difícil descubrir el espíritu juguetón que define a la secta de los come-
mierdas de la que soy orgulloso miembro vitalicio. Esa
comemierdería asumida le permitía a Manuel burlarse incluso de sus más constantes devociones, fueran estas la arquitectura, los poemas un tanto anticuados que escribía
o sus afanes de seductor. De nuestras complicidades, la
más cómoda era la de la música. Habíamos descubierto
por nuestra cuenta los grupos de *grunge* de Seattle y disfrutábamos mucho la coincidencia. Agradecíamos que
a esas alturas de la década de 1990, luego de tanto *sound
and fury*, al viejo *rock* le quedara algo por decir.

Fue Manuel quien, a la entrada del cementerio, me avisó del suicidio de Kurt Cobain como quien habla de un
pariente mutuo y cercano. O quien me informaba de la
muerte de exiliados cubanos prominentes, bastante más
ignorados por la prensa oficial que los roqueros yanquis.
En ese mundo de información tan racionada como todo
lo demás, parecía que Manuel tenía contactos especiales
con la ultratumba del Mundo Exterior y recibía avisos constantes del arribo de las figuras más prominentes.

Otras de las complicidades tuve que inventármelas yo
mismo, como fue el caso de Ignacio. Compañero de trabajo de Cleo en su instituto de investigaciones, su espíritu
independiente y contestón no ayudó a convertirlo en el favorito de sus jefes. Tuvo la mala suerte de que, durante un
experimento que hacía en horas extra, se le derramase
un ácido que atravesó el piso del laboratorio. Era cuestión

de días que lo acusaran de sabotaje y lo expulsaran con la condición de «no confiable» en su expediente laboral. A diferencia de mí, Ignacio se dio cuenta de que era el momento de buscar un nuevo puesto. Precisamente entonces supe que en el cementerio necesitaban un químico para los trabajos de conservación de tumbas y monumentos.

Pero antes de ser aceptado, el aspirante debía pasar por la llamada «verificación».

En la nueva sociedad, a diferencia del confiado mundo capitalista, no se estilaban las cartas de recomendación, tan fáciles de falsear. En lugar de ello, alguien de la institución empleadora verificaba en el empleo previo y hasta en el barrio su conducta personal y, sobre todo, su confiabilidad política. El encargado de tales verificaciones debía ser miembro de la Unión de Jóvenes Comunistas o del Partido, pero ante mi repentina disposición a hacer las averiguaciones, me dieron el encargo. Lo cumplí cabalmente a la sombra de un árbol no lejos de la entrada del centro de investigación con una amiga de Ignacio y de Cleo que completó diligentemente todos los formularios que le puse delante.

Ignacio era delgado, de baja estatura, rubio, de mirada penetrante y azul, rostro cruzado por arrugas prematuras y barba cerrada, rasgos que en conjunto le daban aspecto de duendecillo de cuento alemán. Le achacaba unos cuarenta y tantos años, que era la edad que a mis veintitantos le atribuía a los que andaban por los treinta. Divorciado, con una hija pequeña y un plan de fuga abortado años atrás, la vida parecía haberse ensañado con él de manera moderada pero tenaz. Ignacio era lo que se dice un hombre decente: no había condición más difícil de sobrellevar. Era inteligente, sensible y de opiniones firmes, virtudes todas que conspiraban para hacerle la existencia más ardua. Conocía muy bien su trabajo. Cuando le pregunté por el proceso químico que desencadenaba la combustión de un cigarrillo para usarlo en una historia que estaba escribiendo, su respuesta fue tan viva y detallada como para intuir los conocimientos íntimos y pormenorizados que tenía de química. En vez de refugiarse en lugares comunes y jerga abstrusa, parecía comprender en el nivel molecular y hasta atómico la manera en que se producía nuestra vida cotidiana. Poco dado a las confesiones personales, era, al mismo tiempo, de lo más confiable que se puede tener como amigo, como me demostraría en alguna ocasión.

Fuera de la incesante y soterrada lucha por el poder entre Judith y Zoila, el equipo técnico del cementerio llevaba una existencia apacible, cada uno concentrado en sus respectivas estrategias de supervivencia y, de paso, en salvar aquel cementerio que amenazaba con hundirse con el resto del país. Pero, cuando más olvidado parecía estar nuestro equipo técnico, desde algún punto de la vastísima burocracia cubana decidieron hacernos un obsequio que cambiaría nuestra dinámica medieval: una computadora personal.

Lo de «personal» era solo de nombre. Ese único aparato debía servirnos a la decena de personas que para entonces componíamos el equipo técnico. Para acomodar a la recién llegada se habilitó una minúscula habitación refrigerada. No hay palabras para describir tal irrupción de modernidad y confort en aquellos seis metros cuadrados de las cincuenta y cinco hectáreas que ocupaba el cementerio. Todos querían tener algo que ver con aquella habitación: la administración para que les organizaran el trabajo del cementerio; los del archivo para que digitalizaran el contenido de los libros de enterramientos desde 1871 hasta la fecha; Judith para crear un boletín que recogiera el trabajo de su equipo. A esto se le sumaban los caprichos no laborales que la computadora se ofrecía a complacernos: ya fuera la práctica frenética de videojuegos o la posibilidad de pasar a limpio mis cuentos.

Una computadora nunca llegaba sola. Un equipo de tal nivel de sofisticación en medio de nuestro perfecto analfabetismo cibernético traía siempre acoplado un técnico. Un especialista por el que pasaba todo el trabajo que debía procesar aquel pobre aparato. No recuerdo la marca de la computadora, pero al técnico todos le decíamos el Chino por motivos bastante obvios. En un país en que a alguien con rasgos turbiamente asiáticos le dicen «chino», nuestro técnico, habanero de nacimiento, enarbolaba una genética meticulosamente oriental: tanto el padre como la madre eran de origen chino. Tuvimos suerte, porque la generosidad y la paciencia del Chino no parecían cosa de aquel mundo en el que sobrevivíamos. Cualquiera que fuera el favor —desde ayudar con la tarea de un hijo hasta pasar a limpio un guion de cine—, accedía a ayudarnos aunque tuviera que quedarse después de terminado su horario laboral. Tan extraña era su bondad para aquel universo (y tan ajeno era ese universo a tanta bondad) que llegué a pensar que el Chino era agente de la Seguridad del Estado. Que lo habían situado junto a la computadora para espiarnos tranquilamente y que con sus generosos ofrecimientos buscaba reunir toda la información confidencial que pudiera. No era eso lo que me preocupaba. Poco tenía que ocultar aparte del detalle, bastante obvio, de que buena parte de mi horario lo dedicaba a escribir textos ajenos a mi trabajo en el cementerio.

Lo que me angustiaba era pensar tan mal de alguien en apariencia tan bueno. Un día traté de confesarle mis sospechas a Ignacio. No había empezado a decir «No sé, pero a veces me da la impresión de que el Chino...» cuando Ignacio me interrumpió diciendo: «Ya sé, que es de la Seguridad del Estado. Yo pienso lo mismo». No se habló más del asunto. Así de desarrollada andaba nuestra capacidad de sospecha, así de increíble nos resultaba todo acto gratuito de bondad. Chino, si lees estas líneas, te ruego, por favor, que me disculpes. Incluso si actuabas a las órdenes de la Seguridad del Estado.

Cinefilia en tiempos del Hambre

Nunca fui tanto al cine como en los años del Hambre. No parecía el mejor momento para hacerlo. De hecho, el Hambre marcó el inicio de la extinción de los cines de la ciudad que un día se jactó de tener más salas que Nueva York o París. Ahora, a falta de estrenos, los principales cines mantenían la misma película en cartelera por meses. O reciclaban títulos viejos como si acabaran de estrenarse. Reestrenos, los llamaban, una práctica que llevaba décadas existiendo, pero que ahora se convertía en la única opción. Los otros, los modestos cines de barrio donde estrenamos nuestra autonomía de seres urbanos, a donde íbamos a soñar con las historias que ya habían enardecido la niñez de nuestros padres, empezaron a desaparecer. Los convertían en locales de ensayo de grupos de teatro o de bandas fantasmales. En almacenes, en refugio de familias sin casa. O refugio de murciélagos, que era el paso previo antes de pasar a ser ruina pura.

Quedaban al menos las cinematecas o eso que en la época de nuestros padres llamaban «cine de ensayo»: locales con una programación que se pretendía entre exquisita y pedagógica y que al menos cumplía el requisito de alejarse de lo infame. Y de mostrar una película diferente cada día. O hasta dos. Ciclos de Luis Buñuel, Chaplin, Tarkovski, Buster Keaton, Ingmar Bergman, Andrzej Wajda, John Ford. Ciclos sobre la nueva ola francesa, el cine expresionista alemán, la nueva ola checoslovaca, Marilyn Monroe, el neorrealismo italiano, la época de oro del cine mexicano. O la semana de cine finlandés, suizo, sueco o de cualquier otro lugar donde la gente llevara vidas ajenas a las nuestras. (Las semanas de cine soviético o polaco, despreciadas durante décadas y apreciadísimas en tiempos de la perestroika por lo familiares que les resultaban a los habitantes del socialismo caribeño, habían desaparecido de las carteleras.) También estaba el recurrente ciclo de Las Cien Mejores Películas de Todos los Tiempos, del que siempre habría alguna que nos faltara por ver. Todo a un precio ridículo que en los momentos culminantes de la inflación llegó a ser de menos de un centavo de dólar. Días en que mi salario mensual equivalía a más de doscientas entradas para el cine o a ocho *pizzas* pequeñas. O dos botellas de ron. O una botella de ron, dos *pizzas* y treinta entradas para el cine en el mes, si se prefiere una dieta más balanceada.

Yo no era el único que persistía en su cinefilia. Nunca fui a una función de aquellas en que no hubiese una buena cantidad de espectadores. Teníamos en común la juventud o, en su defecto, no tener que cargar con otra hambre que la nuestra para poder entregarnos sin remordimiento al embeleco de la tela animada por sombras. Una tribu no necesariamente bien llevada o afín, pero constante en su devoción por el cine y a la que para reconocerse le bastaba con un golpe de vista.

«¿De dónde lo conozco? —me preguntaba luego en la cola del helado, en una guagua y después en Madrid o Nueva York. Entonces caía en cuenta—: Ah, sí, de la Cinemateca.»

Con ese mínimo parentesco bastaba.

Lo que llamábamos «la Cinemateca» eran en realidad dos cines, el Charles Chaplin y La Rampa, ubicados a dos kilómetros de distancia. Había días en que veíamos una película en cada uno. Acudíamos, con amigos y manías (la manía del que llegaba a última hora y se sentaba en la primera fila, la de los que lanzaban comentarios o suspiros para puntuar la narración, la de los que se reían a carcajadas en momentos especialmente infelices de la historia), a escapar de la realidad. A olvidarnos de nuestra hambre habanera. Aunque también íbamos al encuentro con ella. No solo porque la visita al cine alargaba nuestra cita con lo poco que hubiera para comer en casa. El hambre nos acompañaba en el interior de los cines y, ante la provocación de una mesa bien servida en pantalla, la sala estallaba en aullidos. Lo mismo que si en la época más casta del franquismo la protagonista hubiera enseñado una teta. Ese instante en que nos reconocíamos, arropados por la oscuridad, en nuestra unánime hambre era el punto más alto de nuestra rebeldía.

Hubo complicidades más elaboradas. Como al reconocer en un documental sobre el fascismo italiano las mismas escenas con las que intentaban inspirarnos nuestros
noticieros televisivos. La imagen de Mussolini, sin camisa, segando trigo sembrado en los jardines de alguna plaza
de Roma evocaba a la vez al Che Guevara cortando caña
y a Quientusabes predicando la siembra de plátanos en
los jardines de los edificios de vivienda. Gracias a esas asociaciones íbamos entendiendo que ciertos horrores alejados por el tiempo, la ideología y la cultura tenían como
base el mismo gusto por el gesto inútil y efectista.

Tanta era la insistencia que llegamos a pensar que la
combinación de banquetes de Tántalo con documentales
sobre el fascismo no era casual. Que alguien desde las oficinas de programación de la Cinemateca hacía llamados
en clave a la rebelión. O al menos intentaba instruirnos
sobre las analogías entre nuestro sistema de vida y otras
variantes del Mal. La sospecha se reforzaba al descubrir
que el responsable de la programación de aquellos dos cines era un escritor represaliado años antes, durante el
Quinquenio Gris, época en la que casi todos los intelectuales de algún valor habían sido castigados por una causa
o por la contraria.

No obstante, sería exagerado asociar el programa de la
Cinemateca con los deseos de venganza del antiguo represaliado. Como exagerada era nuestra tendencia a asociar
cualquier momento de la historia o la cultura universales
con nuestra hambre presente. En la famosa incapacidad

de los personajes de *El ángel exterminador* de abandonar la casa a la que habían ido a cenar encontrábamos una alusión a nuestras limitaciones migratorias o a nuestra imposibilidad de salir de aquella miseria, según tuviéramos el ánimo metafórico. Nuestra repugnancia a Aquello se iba volviendo también totalitaria: convertía todo en una incansable y esquizofrénica cacería de metáforas enemigas.

Así hasta que diciembre traía el Festival Internacional del Nuevo Cine Latinoamericano y el resto de la ciudad se animaba a secundar nuestra cinefilia. Era el momento de ver películas algo más recientes que las que aparecían en el listado de Las Cien Mejores Películas de Todos los Tiempos. De ver cuatro y hasta cinco películas diarias, de respirar cine cada minuto. Para lograrlo había que prepararse. Conseguir entradas preferentes y credenciales y ahorrarnos aquellas colas monstruosas. O sea: falsificar entradas usando la que posiblemente fuera una de las poquísimas fotocopiadoras en colores de toda la república; una fotocopiadora a la que Sonia, una providencial amiga, tenía acceso. Luego estudiábamos cuidadosamente la cartelera y, haciendo uso de nuestra experiencia y de nuestros más pulidos prejuicios, nos preparábamos una programación que eludiera la pornomiseria latinoamericana, el filoguerrillerismo tardío y el porno blando —este sin miseria— con los que los peores directores del continente trataban de disimular su falta de ideas. Estas últimas no las evitábamos por pruritos morales o estéticos, sino porque en una ciudad hambrienta, entre tantas cosas, de ver cuerpos desnudos glorificados por el cine, las colas que se armaban para ver aquellas películas eran apoteósicas.

Para ver cinco películas al día había que empezar temprano. Digamos que a las diez de la mañana, con la primera de las funciones, algo factible incluso en medio del horario laboral. Entraba a las nueve de la mañana al cementerio y una hora después estaba en la puerta del Chaplin, a solo doscientos metros de distancia. Terminada esa función, regresaba al trabajo y luego de almorzar salía en bicicleta a algún cine de los alrededores a la función de las dos, veía otra más en la de las cuatro o las cinco y cerraba la noche con una o dos películas más. Para sustentarnos durante aquel maratón llevábamos un cacharro de plástico verde a todos los sitios y veíamos la película comiendo arroz medio fermentado por el calor y algún tipo de acompañante a la altura de las circunstancias. Hasta que el cacharrito verde se nos quedó en el cine al que fuimos a ver *Juego de lágrimas* en una muestra de cine británico.

Quien no ha vivido en un país sin comida ni recipiente que la contenga es incapaz de aquilatar una pérdida así. No obstante, la fortuna, atenta a nuestro desespero, días más tarde puso en una oscurísima calle de Centro Habana a un muchacho que nos vino a vender un galón de helado de chocolate a un precio insólitamente bajo. Casi seguro que acababa de robarlo. Se lo compramos sin pensarlo y nos comimos el helado antes de que se derritiera. Un galón de helado. De pie, en la oscuridad habanera.

Pocas veces he tenido tan claro haber conseguido algo importante en la vida como en aquella ocasión. No solo por el helado. Lo mejor era el recipiente de plástico gris que lo contenía. ¡Ya teníamos sustituto para el cacharrito verde caído en combate! Negocio redondo. No era lo mismo, debo reconocerlo. El nuevo cacharro era un poco más grande que el anterior, menos manejable, más incómodo. Lo peor era que le dejaba a la comida un desagradable sabor a petróleo que solo era atenuado por el resto de sabores desagradables que ya traía la comida.

Si hablo en plural es porque todas aquellas aventuras cinematográficas las emprendíamos la bestia de dos cabezas y cuatro piernas compuesta por Cleo y por mí. En ocasiones nos desplazábamos en dos bicicletas. Pero la mayoría de las veces lo hacíamos en una sola: yo dándoles a los pedales y Cleo detrás, en la parrilla del aparato, que chirriaba en proporción directa al esfuerzo que debía hacer para desplazarnos de un cine a otro.

Si comíamos aquella bazofia fermentada con el aroma adicional del petróleo era en honor a la inercia. Porque en las dos primeras semanas de diciembre el cine era nuestro circo, pero también nuestro pan.

Yo, literato

Y entonces, una tarde, recibo un premio. Por supuesto que no es así de sencillo. En medio de Aquello nada es sencillo. Primero hubo que escribir unos cuantos cuentos. No sé bien por qué lo seguía haciendo. Porque una de las primeras cosas arrasadas por el Hambre fueron las revistas donde solía publicar mis cuentecillos. La mayoría de las editoriales, todas del Estado, aunque mantuvieran sus recepcionistas, sus directores, sus oficinas y demás vestigios de su vida anterior, también dejaron de publicar libros. Lo cierto es que, incluso sin esperanzas de publicar nada, sigo escribiendo. Esa es la mejor manera de escribir en medio de Aquello: sin pensar en la publicación y, por tanto, en la censura. Solo pienso, si acaso, en la gente que va a escuchar los cuentos que leo a viva voz en las peñas a las que asisto.

Un día aparece mi amigo Luis Felipe diciéndome que en la nueva editorial a la que lo han trasladado le propusieron crear una colección de libritos para simular que todavía producen algo. Cuadernillos de apenas veinticuatro páginas, incluidas portada y contraportada, de seis pulgadas de alto por cuatro de ancho y una única presillita reteniendo todo aquello. Algo tan mínimo que no se me ocurre otro título para aquellos ocho cuentecillos que el de *Obras encogidas.* Así es como me convierto en autor publicado y en deudor eterno de Luis Felipe. Sin embargo, en lugar de dejar las cosas como están, de darme por satisfecho, sigo escribiendo.

Lo siguiente es mandar otro puñado de cuentos a un concurso. El premio Trece de Marzo, fecha de un famoso tiroteo revolucionario, uno en el que se intentó asesinar al tirano de turno y que terminó, en cambio, dándole nombre a un montón de cosas de lo más disímiles entre sí, incluido ese premio. El Trece de Marzo es el premio que concede la Universidad de La Habana a creadores jóvenes en diferentes categorías literarias y artísticas. Entre sus ganadores hay al menos un par de autores a quienes admiro. Pero ese año no habrá publicación, solo premio en metálico. El equivalente a dos meses y medio de sueldo o cinco dólares, como lo prefieran ver. Un día mi amigo Teo recibe un telegrama anunciándole que ha ganado el segundo premio del concurso. Teo por ese entonces vive en la Isla de Pinos, trabajando como museólogo de una antigua prisión. A ciento cuarenta y cinco kilómetros por agua y tierra de La Habana. Teo me pide que acompañe a Vilma, su novia, a recoger el premio. Que es como si lo recibiera yo.

Voy a la universidad a recoger el premio de Teo en bicicleta y con mi atuendo habitual de aquellos días: camiseta negra, sin mangas, pantalón de camuflaje y botas militares rusas. Uniforme de náufrago poscomunista. Mientras espero la premiación en el salón de actos, veo asomarse por la puerta a Rubén. El compañero que nos atendía en nuestros años universitarios. El policía no tan secreto que se dedicaba a reclutarnos para su densa red de espionaje universitario o, de no conseguirlo, a seguir nuestros pasos. Hacerse sentir.

—¿Qué? ¿Trabajando?

Ese soy yo. Sonriendo. Haciendo de ratoncito valiente que se atreve a preguntarle a su antiguo perseguidor si anda en labores de espionaje o de simple visita a su antiguo centro laboral. Porque —no me pregunten cómo lo sé, pero nosotros también tenemos nuestras redes— hace un tiempo que lo trasladaron a la Academia de Ciencias, a vigilar a bioquímicos y astrónomos. Rubén también sonríe, pero no contesta. La respuesta, aunque yo tarde unas cuantas horas en comprenderla, la da el presidente del jurado al anunciar:

—Y el primer premio del concurso de cuentos va para Enrique del Risco Arrocha con el libro *Póstumo semen*.

Y allá voy a recoger el premio con mi uniforme de náufrago poscomunista y una expresión (supongo) de felicidad asustada.

Por la noche voy a un concierto y, a la entrada del teatro, me encuentro con una antigua condiscípula cuya halitosis compite con su otra fama, la de chivata.

—Felicidades —me dice.

—¿Felicidades por qué?

—Por el premio.

—¿Cómo lo supiste? —Asumo que nuestra prensa, con su ritmo merovingio, no ha dado todavía la noticia de mi premio.

—Me lo dijo Rubén.

Es justo entonces cuando comprendo que por la tarde, durante la premiación, Rubén estaba, en efecto, trabajando. Supuse que la Seguridad del Estado, al toparse con aquellos cuentos programáticamente insidiosos, le pidió su opinión sobre uno de sus antiguos «atendidos». Luego le habrán dado la orden de supervisar la entrega del premio. O puede que Rubén haya ido por decisión propia. Y que hasta esté orgulloso de mí.

Mucho tiempo después caigo en la cuenta de que, por muy paranoica que sea, la Seguridad del Estado no puede dedicarse a leer cada libro premiado en los concursos del país. Que para mantener su vigilancia sobre la literatura emergente debe contar con la cooperación de los jurados de los premios. O con su miedo, que viene a ser lo mismo. Supongo que al jurado del Trece de Marzo le preocupó tanto el contenido del libro como el detalle de que nunca hubieran escuchado mi nombre en esos viveros de jóvenes promesas que eran los talleres literarios. Los miembros del jurado, ante el peligro de premiar a un agente de la CIA disfrazado de escritor, debieron consultar al compañero que los atendía en la Unión de Escritores. Se activarían las siempre eficientes redes de la Seguridad hasta dar con Rubén en su puesto en la Academia de Ciencias. Cuando le consultaron sobre mí, Rubén decidió ser generoso, confiar en que no era un caso perdido del todo y dar el visto bueno a mi premio. Si decidió asomarse a la premiación fue tanto para evitar alguna sorpresa como para hacerme saber de su intervención en el asunto. Trabajo agotador ese de intentar razonar como ellos.

La consecuencia más notable del premio es que, aunque *Póstumo semen* no se publica, me envalentono. Cuando meses después lanzan una convocatoria para escritores jóvenes de todo el país, auspiciada a partes iguales por el Instituto Cubano del Libro y por un grupo de intelectuales argentinos que pagará la edición, envío casi todos los cuentos que considero publicables —aunque no necesariamente en Cuba—. Esta vez sí se imprimirán los libros, dicen. En un papel decente y hasta con una encuadernación que rebase la técnica de unir las páginas con una única presilla.

Pero, en vísperas de anunciar los premiados, me llama un escritor amigo mío. A los miembros del jurado les ha gustado mi libro, pero no pueden premiarlo. Es impublicable, dicen. Cuelgo el teléfono. La rabia ante tamaña injusticia, etcétera. Al rato me vuelve a llamar el escritor. Dice que el jurado se lo ha pensado mejor, pero que tienen que hablar conmigo. Entiendo. Quieren que saque del libro los cuentos más incómodos. Otro trabajo agotador: el de pensar como un jurado en pánico.

Me preparo para el encuentro. Lo digno sería decirles que se metan el libro en el culo. O lo publican completo o no hay nada de que hablar. Pero —para qué engañarme— no soy un tipo digno. Apenas un aprendiz de escritor. No soy ni la mitad de libre que los cuentos que escribí cuando no pensaba en publicarlos. Así que preparo dos listas. La de los cuentos intocables y la de los prescindibles. La de los cuentos sin los que el libro perdería sentido y la de los que podría sacrificar sin afectarlo demasiado. Los más breves y juguetones. En momentos así siempre son los primeros en caer.

El solo acto de escribir ambas listas ya es humillante.

Cuando llego a la sede de la Unión de Escritores me doy cuenta de que no soy el único que tiene una cita con el intermediario del jurado. En el jardín hay un poeta y un novelista, ambos más o menos de mi edad esperando el momento en que sus libros sufran algún tipo de poda preventiva en bien de su salud y la del jurado.

Casi enseguida aparece el enviado del jurado. Decide que yo sea el primero en reunirse con él. Le dice al poeta a modo de disculpa: «Espérame a que termine con Enrique. Pero no te preocupes, que tus problemas no son políticos, sino literarios».

Así, como si soltara un chiste.

Bueno es saber que mis problemas no son literarios.

En su oficina de vicepresidente de los escritores del país, el que habla por boca del jurado confiesa que no se ha leído el libro, pero a continuación me comenta detalles de la trama como si lo hubiera leído varias veces. Mis cuentos parecen entusiasmarlo. Comenta el argumento de estos como si fueran parte del repertorio de chistes que les cuenta a sus amigos. Con esa soltura. Pero, claro, el libro no puede salir así. Impensable. Al menos no con todos los cuentos. Como ese cuestionario destinado a comprobar si uno está a la altura del Padre de la Patria, ese que prefirió que le fusilaran un hijo antes que dejar de pelear contra España. O esa otra fábula en la que la Zorra jefa pierde la cola y, como es imposible injertársela, lanza un discurso para obligar a sus súbditas a amputarse las suyas. Una variante de la conocida fábula infantil en tiempos en que una cola puede significar cualquier cosa. Incluso una ideología. Yo me siento aliviado, aunque no lo doy a entender. Los cuentos que ha mencionado el vocero del jurado pertenecen a la lista de los sacrificables. El resto de la conversación se hace más distendida, lo que le permite al vicepresidente de los escritores de la nación tomarse un tiempo en explicarme cómo su libro de juventud es el antecedente de los atrevimientos literarios de las actuales generaciones. Menciona el título como si dijera *Moby Dick* o *Ulises*. A toda velocidad, pero como si a la vez se detuviera a saborear cada sílaba y sorprender mi reacción. Un libro que no he leído ni pienso leer, pero al que debo estarle agradecido por su mera existencia.

Hay nuevas citas con el vocero del jurado a propósito del libro y sus partes más indigestas para el delicado estómago de Aquello. Se discuten frases de cuentos que el intermediario cita de memoria, aunque sigue jurando que no los ha leído. Hasta que me aburro. Averiguo la dirección del presidente del jurado y una tarde me presento en su apartamento. Cuando se da cuenta de quién soy, me mira como si una rata colosal se le acabara de colar por la puerta. Tiembla. De rabia o de miedo, da igual. Insisto en defender el regreso de los cuentos excluidos. Me contesta que el cuento del Padre de la Patria constituye un delito de desacato a héroes y mártires. Que para eso la condena es de dos meses a dos años de cárcel. Le respondo que el tiempo que pase en prisión es asunto mío, pero me dice que no. Que esos cuentecillos amenazan el buen funcionamiento de todo el proyecto de colaboración con los intelectuales argentinos. Serían como un pararrayos que atraería rayos que lo destruirían. No menciona el origen de los rayos, pero mira para el techo, donde al parecer habita Zeus Quientusabes, árbitro de nuestra existencia. La conversación transcurre en la sala del apartamento, sin un amago de cordialidad. Los dos de pie, como si nos batiéramos con floretes. Cuando por fin consigue echarme de allí, el presidente del jurado seguramente sopesa instalar una cadena en la puerta que lo ayude a atajar a concursantes inconformes.

El resto del proceso editorial es bastante más apacible. El libro lo titulo *Pérdida y recuperación de la inocencia*. Será el último que publique en Cuba, pero aún lo ignoro, como tantas otras cosas. Por fin, junto con el resto de la colección Pinos Nuevos, es presentado en la Feria del Libro de La Habana. Allí me ocupo de comprar todos los ejemplares que pueda para regalárselos a la familia, los amigos.

Después será imposible. Al terminar la feria venderán el resto de los ejemplares en dólares y ningún nativo se podrá permitir pagar dos meses de salario por un librito de ochenta páginas. Los turistas sí. Y de paso, junto con una muestra de la narrativa más reciente, se llevarán una curiosa idea de la tolerancia local.

Tiempo después hacen la presentación más formal de *Pérdida y recuperación de la inocencia* en un salón del Instituto Cubano del Libro. La sede está en el antiguo Palacio del Segundo Cabo, el equivalente al Ministerio de Hacienda de tiempos de la colonia. Un solidísimo edificio de piedra de cantería que compite en esplendor con la antigua sede de la capitanía general, a unos metros de distancia. Mis padres atraviesan toda la ciudad para asistir a la presentación. Esta se celebra en el salón principal del edificio, decorado con maderas y espejos, a la usanza del Palacio de Versalles o de los restaurantes colombianos de Queens. Es entonces cuando mi padre, finalizada la ceremonia, con la solemnidad con que aborda todo lo que no sean regaños o chistes malísimos, me da la noticia: «Hijo mío, ya se puede decir que eres un escritor».

Nunca subestimen la importancia de presentar un libro en un salón forrado de espejos.

Barbarie, sexo y espíritu

Las revoluciones pueden verse como la vanguardia de la marcha hacia la igualdad de todos los humanos, aunque en el proceso sea de lamentar la pérdida de ciertas exquisiteces que adornaban la existencia de las élites. En una revolución, la propia idea de élite se vuelve incómoda y hasta repulsiva. Un obstáculo hacia la igualdad, porque ni los más entusiastas se hacen la ilusión de que ciertos goces puedan ser puestos al alcance de todos. O que todos tengan la capacidad de apreciarlos.

El progreso consiste justo en la progresiva pérdida de refinamientos. En la sustitución de lo que antes se consideraba de buen gusto por lo vulgar puesto al alcance de todos. El progreso ha conseguido que la vulgaridad burguesa que despreciaban los aristócratas literales o de espíritu del siglo XIX se volviera exquisitez para los proletarios y los pequeñoburgueses que asaltaron el poder, entrados en el siglo XX. Muchos de los objetos y las costumbres proletarios del siglo XX pueden parecerles absolutamente envidiables a las clases medias y altas del siglo XXI.

Pero hasta para los revolucionarios más tenaces llega el momento de comprender que el camino de la igualdad no puede ser el de la infinita vulgarización. Que las formas importan. Que a los sentidos no puede sometérselos incesantemente a la renuncia y el embotamiento. Luego de haber atacado durante años la llamada «caballerosidad burguesa», en Cuba se inventó la «caballerosidad proletaria»: un intento de recuperación de cierta «clase» al que se le aplicaba el adjetivo «proletario» para tratar de disimular su nostalgia por el viejo orden. (Hubo un tiempo en que el término «proletariado» tenía capacidad absolutoria: las dictaduras se veían como naturales y necesarias si eran «del proletariado» y el imperialismo comunista parecía amable y benefactor cuando se hacía llamar «internacionalismo proletario».) En algún punto, hasta los más ortodoxos debieron conceder que algún refinamiento en sus vidas no estorbaría su sueño de alcanzar una nueva sociedad. Que si su plan consistía también en la renuncia total a un poco de belleza y refinamiento, la nueva sociedad resultaría intolerable.

En Cuba, como en el resto del mundo comunista, a la destrucción revolucionaria la siguió la proliferación del *kitsch* socialista. Un afeamiento progresivo de la vida nacional que convertía el mal gusto burgués que intentaban abolir en algo portentoso, modélico. Inalcanzable.

Pero nada de eso era la barbarie. La barbarie vino después.

Llegó cuando la gente perdió toda esperanza de construir una sociedad mejor. O peor, pero al menos nueva.

Cuando la belleza se hizo, más que superflua, ofensiva. Cuando el ansia de supervivencia dirigía cada uno de nuestros actos y veíamos en el mínimo desvío de ese objetivo una amenaza, una burla. La barbarie llegó cuando abandonamos toda expectativa de construir o reparar nada.

La barbarie se hacía carne cada vez que se rompía el cristal de una vidriera y era sustituido por un trozo de cartón o de bagazo prensado. Cuando la gente empezó a comerse las mascotas y a pasearse por las calles con un cerdo.

La barbarie era indiferencia ante lo feo y lo cruel. A partes iguales.

La barbarie consistía en darle a un objeto un destino inferior a aquel para el que había sido diseñado. Usar el cuarto de baño como criadero de cerdos. O convertir el armario familiar en leña para cocinar. Un cine en almacén. O las aceras en baños públicos.

Barbarie era la violencia ubicua y festiva.

Como el día que pedaleaba junto al Castillo del Príncipe y de las sombras emergieron unos asaltantes para arrebatarles sus bicicletas a unos ciclistas que marchaban delante de mí. En cuestión de segundos los asaltados ya tenían a su merced a los asaltantes. Vi a uno de los ciclistas disponiéndose a rematar a uno de los exasaltantes con un pedrusco enorme. Le grité que no lo hiciera y enseguida busqué algún policía que evitara una tragedia, pero no encontré a ninguno. Debí haber gritado: «¡Abajo Fidel!».

Barbarie era tener sexo dondequiera, con cualquiera y delante de cualquiera. Como perros.

La barbarie, dentro de su horror, daba una magnífica sensación de libertad.

El sexo siempre había sido un problema en Cuba. No el sexo propiamente dicho, sino disponer de un lugar donde ejercerlo con un mínimo de privacidad. Muchísimas parejas casadas no tenían otra opción para hacer el amor que aquellos moteles infames conocidos con el nombre de posadas. Moteles que alquilaban las habitaciones por tres horas y en los que a veces había que hacer cola incluso durante más tiempo antes de que apareciera una habitación disponible. De ahí que mucha gente prefiriera aparearse en cualquier lugar medianamente oscuro u oculto. En el recodo de un parque, en el bosque de La Habana, en la escalera de un edificio de vecindad, en el interior de un consultorio médico en construcción o en algún punto del litoral de La Habana.

Pero en la década de 1990 aquellos tiempos nos parecían recatados, modélicos.

Con una ciudad oscurecida a la fuerza al caer la noche, cualquier sitio parecía bueno para singar. Aunque había quien no esperaba ni al anochecer.

Los profesionales señalaron el camino. Jineteros y jineteras a quienes se les nombraba así para disimular su profesionalismo.

Recuerdo una noche, poco antes del inicio oficial del Hambre. Intentaba pasar a limpio mi tesis de la licenciatura y debía esperar a que se liberara una de las computadoras de la universidad en el turno de la madrugada. Fui a dormir en el césped de un parque de El Vedado. Cuando desperté a mitad de la noche, vi a una muchacha montada en un turista italiano que a su vez se hallaba sentado en uno de los bancos del parque. Los dos iluminados por una farola. Completando la escena, desde el banco de enfrente los observaban los acompañantes de la muchacha. No se limitaban a observar: además conversaban con el italosingante.

—¿De dónde me dijiste que eras?

—De Trieste —respondió el italiano sin dejar de moverse.

—Ah, sí. *La chica de Trieste*. Yo vi una película que se llamaba así, *La chica de Trieste*.

—Es verdad —dijo su compañero de banco—. Tremendas tetas que tenía la chica de Trieste.

Esa todavía no era la barbarie, sino más bien un anuncio amable de lo que podía llegar a ser.

En medio del Hambre el sexo era droga, como el alcohol. Un producto que no había que anunciar porque te lo arrebataban de las manos. Un producto que a nadie, excepto a los extranjeros, se le ocurriría pagar. Las palabras sobraban. Bastaba el encuentro de un par de seres con la libido irradiando a similar frecuencia. Daba igual que el encuentro ocurriera en un autobús o en el cementerio, a la salida de un entierro de un pariente. En la escalera de cualquier edificio.

O si pasaban cerca de un túnel popular.

Los túneles populares surgieron a finales de la década de 1980 a raíz de la confluencia de dos fenómenos. Uno fue la comprensión por parte del Gobierno de que sus planes para construir el metro de La Habana eran irrealizables y que algo tendrían que hacer con todo el personal que durante años se había preparado para ello. Otro era la necesidad de reactivar el fantasma de una invasión norteamericana y de movilizar al país para enfrentarlo. Quientusabes, experto en solucionar varios problemas creando uno mayor, decidió emplear aquella manada de ingenieros ociosos del imposible metro de La Habana en desarrollar su nuevo proyecto de túneles populares. Se trataba de horadar todo el país para construir túneles en los que se refugiaría la población en caso de ocurrir la prometida invasión norteamericana. No era un proyecto muy original, teniendo en cuenta que todos los líderes del mundo comunista desde Albania hasta Corea del Norte estuvieron en algún momento obsesionados por ahuecar sus respectivos países a la espera de invasiones. Tampoco era original que tales proyectos contribuyeran a empeorar la ya de por sí precaria vida de sus súbditos.

Previsible es que aquellas construcciones estratégicas fueran abandonadas a medias y se fueran convirtiendo en concreciones ruinosas de la paranoia de sus promotores.

Muy pronto los túneles cubanos demostraron su casi perfecta inutilidad. Algunos jefecillos inspirados intentaron convertirlos en criaderos de hongos comestibles o de ranas con similar valor nutritivo, pero, hasta donde sé, tales planes no pasaron de allí.

Para lo único para lo que sirvieron tales túneles fue para cumplir el sueño *hippie* de hacer el amor en vez de la guerra.

Casi ningún sitio donde te agarrara la urticaria carnal estaba demasiado lejos de uno de aquellos túneles. Bastaba con que los amantes no fueran demasiado escrupulosos y que no le hicieran ascos a las ranas o a los insectos que albergaban los túneles. A los charcos o a las rugosidades en la superficie curva del concreto. O a otra pareja que estuviera haciendo lo mismo unos metros más allá.

Lo normal era que los singantes se entregaran al alivio instantáneo del orgasmo sin mirar mucho en derredor. Creyéndose, aunque fuera por un momento, que habían accedido a la intimidad del otro. Eso, en el caso de los románticos empedernidos. Los más se conformarían con el roce, la evacuación de semen y si acaso un nombre que ponerle a aquel recuerdo. O un teléfono para, en caso de resultar lo bastante satisfactorio, intentar repetirlo.

No se trataba solo de que fornicáramos como animales, sino de que en todo lo demás nos comportábamos como bestias.

Décadas llevábamos preparándonos para eso. Especialmente en el sector servicios. Los camareros cubanos solían igualar amabilidad con servilismo y evitaban a toda costa parecer serviles. Y para los tenderos, los clientes éramos el enemigo al que había que derrotar, a menos que accediéramos a su complicado sistema de sobornos.

Cuando salí de Cuba, uno de mis más cotidianos asombros era ver desconocidos saludarme en medio de una escalera. A mí, que venía de un sitio donde dar las gracias era una rémora burguesa.

Pero a partir de 1990 se alcanzó un nivel superior de incivilidad. Ya no había otra regla que respetar más que la obediencia al Gobierno.

Las peleas se sucedían por cualquier motivo y dondequiera: en la calle, en la cola del pan, la del pescado, la de la cerveza o la del transporte público. En las casas, entre familiares peleándose por comida, acusándose de robos reales o imaginarios. Si alguien llegaba a una casa a la hora de cenar, lo común era que los visitados escondieran la comida para no compartirla con el visitante. Vi hombres prostituir a sus mujeres y a sus hermanas, madres a sus hijas. Sin el menor recato. Porque una de las principales víctimas de la barbarie es el pudor. Junto con la higiene y las normas de cortesía.

Una mañana en el cementerio sacaron a la venta unos mangos enormes, del tamaño de melones pequeños. No pregunté de dónde habían salido, pero sí tuve la absoluta certeza de que no los volvería a ver. A falta de recipientes donde cargar los mangos, Ignacio y yo echamos mano de los cajones del escritorio de Judith, nuestra jefa. Les sacamos los papeles, los rellenamos de fruta y luego nos sentamos con nuestra carga en un rincón del cementerio a comer aquellos mangos descomunales cortándolos con machetes, como náufragos que, junto con el contacto con la civilización, han perdido sus cuchillos.

Si recuerdo ese momento es por su tono feliz, distendido. Fue mucha la barbarie que conseguí olvidar. O que prefiero no repetir. Incidentes que nunca alcancé a clasificar como memorables por ser demasiado comunes.

Porque lo que ocurrió a partir de 1990 en Cuba no fue el fin de la Revolución. Esa hacía mucho que se había acabado. Lo que ocurrió en esos días fue el fin de la civilización.

Y, como suele suceder, aquel ambiente apocalíptico dio lugar a un renacer espiritual, dicho en el peor de los sentidos. No bastaban el alcohol o el sexo para anestesiarse. Había que entretener la conciencia de la misma manera que hacíamos con el estómago o el sexo. Generaciones crecidas en el más riguroso ateísmo se entregaron a todo tipo de religiones y creencias, desde las más tradicionales, como el catolicismo o los cultos afrocubanos, hasta otras francamente exóticas. Cada vez eran más visibles los crucifijos y los collares. Se desempolvaban altares de san Lázaro y santa Bárbara y en la calle se veía cada vez más la ropa blanca de los iniciados en la santería. Un número mayor de gente optaba por bautizar a los hijos, casarse por la Iglesia o celebrar la Navidad. Incluso en las competencias deportivas los atletas empezaban a mirar a lo alto para agradecer sus hazañas a otro que no era Quientusabes, aunque cuando se verbalizaban los agradecimientos seguía siendo este quien los recibía.

El mismo Estado que nos había obligado a profesar un ateísmo feroz, el mismo que había perseguido sin descanso a las sectas más militantes, el que negaba carreras y oportunidades de ascenso a seguidores de creencias más tenues, ahora pasó a una relativa tolerancia de cultos. Siempre que no se hicieran demasiado visibles, claro. Que no pretendieran hacerle la competencia.

Daba igual que se acabara el mundo: Quientusabes no estaba dispuesto a que le disputaran el control sobre aquellas ruinas. Ni material ni espiritual. El césar no perdía la costumbre de pretender ser, al mismo tiempo, Dios.

Extranjeros

De niños nos hacían repetir en la escuela que ser revolucionario era el escalón más alto de la especie humana. Ya adentrados en el Hambre, los cubanos habíamos concluido que el escalón más alto que podía alcanzar la especie humana era ser extranjero. A inicios de la década de 1990, cuando para acoger el turismo extranjero bastaba con los hoteles construidos durante la República, ya los extranjeros eran la encarnación de una raza superior que recorría la ciudad con paso calmo y seguro, y ropa que se distinguía al instante de nuestros tejidos apagados y harapientos. Raza capacitada para entrar sin pedir permiso en los mejores lugares de la ciudad, esos que estaban vedados a los nativos.

Más decisiva aún era nuestra certeza de que cualquier extranjero poseía en su billetera una cantidad de dólares cuya sola mención nos provocaría mareos. Los poseía y además tenía derecho a usarlos sin ir a la cárcel. En parte porque, a diferencia de nosotros, los extranjeros estaban autorizados para acarrear el tipo de moneda que les viniera en gana y en parte porque a ningún policía se le ocurriría encarcelar a un extranjero. Todos sabíamos que en casi cualquier circunstancia un extranjero tendría la ley y la razón de su lado.

Tenía lógica. Quien poseyera aquella moneda mágica cien veces superior a la nuestra con la que comprar productos sagrados debía ser, sin discusión, un ser más elevado. Pero más admirable aún era el carácter temporal de su presencia entre nosotros. Un extranjero vivía en el extranjero, un lugar donde no se pasaba hambre y desde el que se podía viajar a cualquier sitio, incluso el nuestro. Eso ya lo entendíamos menos. ¿Qué hacía un extranjero aquí? ¿Cómo desaprovechar sus prerrogativas de extranjero para, de todos los lugares de este mundo, viajar al único sitio en que nosotros no éramos extranjeros? ¿Por qué malgastar su increíble suerte viajando a aquella islita huérfana de comida y jabón? Pero, después de todo, ¿quiénes éramos nosotros, simples nativos, para cuestionar la soberana decisión de un extranjero?

Extranjero era lo que aspiraban a ser los niños cuando fueran mayores. Un padre no concebía mejor destino para sus hijos o hijas que casarlos con un extranjero. Pero el matrimonio con extranjeros, aunque deseable, correspondía a un anhelo desmedido, de esos que se pagan con alguna maldición. ¿Para qué aspirar a tanto si el más superficial contacto con un extranjero bastaba para mejorarnos la vida? Aunque fuera en la forma de una pastilla de jabón, una botella de champú, una camiseta usada o hasta una revista con semanas de antigüedad. Todo era mejor si venía del extranjero.

No todos sucumbimos al culto al extranjero. Algunos conservábamos cierto decoro. Nos enorgullecíamos de nuestras parejas locales y mirábamos a los hoteles y sus porteros con la misma repulsión con que ellos nos miraban a nosotros. Veíamos a los extranjeros como seres humanos. Iguales a nosotros excepto por la infinita suerte de haber nacido en un país normal («normalidad» significaba una vida a la que solo accedíamos a través de las películas: una vida con comida, transporte funcional y en la que, si hacías girar la llave del agua, salía, con rutinaria magia, agua). Nosotros, los resistentes a la idolatría alienígena, teníamos demasiado orgullo para pelearnos con nuestros compatriotas por los escasos extranjeros que llegaban a nuestras costas. En lugar de acosarlos, los observábamos con recelo, como si pudieran contaminarnos de manera irreversible. O como si el contacto con ellos nos expusiera a algún tipo de afrenta, aunque fuera por el simple contraste de nuestras diferencias.

Gracias a esa actitud tuve escasos contactos con extranjeros, aunque casi todos ellos fueron memorables. Lo fue la vez que una puertorriqueña madura y amable me pidió que le mostrara el cementerio y al final, con gesto disimulado y preciso, me entregó dos meses de salario en la forma de un billete de cinco dólares. O aquel par de alemanes enviados por mi cuñada con los que recorrí durante horas la parte antigua de la ciudad y que me hicieron pasar un hambre atroz. Bestias rubias de infinitas reservas de calorías que tras ocho horas de caminata lo único que se detuvieron a tomar fue un refresco mientras a mí me daba vueltas la cabeza de pura inanición.

De aquellos escasos contactos con extranjeros llegué a la conclusión de que, por muchas virtudes que le atribuyéramos a la vida en el Mundo Exterior, nacer allá no te impedía ser idiota. A veces hasta parecía facilitártelo. No solo no comprendían que nuestro problema era el hambre y no la sed, sino que ¡hasta llegaban a envidiar tu suerte de haber nacido allí! Como me ocurrió con una pareja de argentinos que visitaron el museo. Empleando el infalible sistema dialéctico de ignorar la realidad que los rodeaba, intentaron convencerme de que mis críticas contra Aquello carecían de fundamento. Por supuesto que de los tres el más idiota era yo. Podría haberme ganado su buena voluntad —y, dado el tiempo que emplearon en intentar curar mis extravíos, parecían tener mucha— y haber conseguido, si no un matrimonio, al menos una fuente continua de regalitos que aliviaran mi miseria. Pero no. Persistí en tratar de convencerlos de que la ilusión que los había hecho viajar a Cuba no se correspondía con la realidad.

Con ello violé la ley de la conservación de la energía, que enuncia que es mucho más productivo y económico confirmarle las ilusiones a alguien que intentar desmontárselas. Esa ley que la mayoría de mis compatriotas aplicaban cada vez que entraban en contacto con extranjeros. La que los empujaba a confirmarles cada una de las preconcepciones que traían sobre Cuba y los cubanos. Daba igual que se tratara de política, ideología, cultura o, sobre todo, sexo. Más si de aquellos contactos podían sacar algún provecho.

Yo, en cambio, me empeñaba en curar a la humanidad de la creencia de que valía la pena seguir el camino tomado por Cuba. En transmitirle la mala nueva que a mí me había tomado toda la vida aprender: que aquella isla no era la encarnación de una utopía. Ni siquiera un buen proyecto malogrado por motivos ajenos a su voluntad. Intentaba levantar cada uno de los adoquines bienintencionados que nos habían conducido a aquel infierno y mostrarle su consistencia de aire. Pero a la humanidad no hay quien la salve. Mucho menos un nativo desesperado por el hambre que nunca ha salido de su isla, ajeno por completo a las graves preocupaciones que atormentan al planeta.

¿Por qué viajarían los extranjeros a Cuba en esos días? Aparte de por las playas y el sexo baratísimo, quiero decir. ¿Curiosidad antropológica? ¿Nostalgia por los últimos residuos de la debacle comunista? ¿Arqueología ideológica? Motivos aparte, debíamos estarles agradecidos. Por traernos noticias frescas del mundo, contactos con el Mundo Exterior o, incluso, contando con una suerte que no tuve, la posibilidad de acceder a alguna beca extranjera que nos librara de vivir bajo Aquello. Yo, en particular, les agradezco los libros y la música, pequeñas hendiduras en nuestra cerrazón habitual desde las que se podía atisbar un mundo más amplio en el que cabían desde teóricos de la posmodernidad hasta la música de Celia Cruz, de la que Aquello me había conservado perfectamente virgen. O la ocasión de publicar cuentos y artículos en el Mundo Exterior con sus revistas de papel magnífico y preocupaciones tan estrafalarias para nuestro universo dominado por tres grandes cuestiones vitales: el desayuno, el almuerzo y la comida. Les agradezco todo eso y las cervezas, claro. Porque los extranjeros eran prácticamente la única vía de acceso a cerveza sin alto contenido de agua y detergente.

Uno de aquellos visitantes extranjeros, además de libros, música y colaboraciones, nos trajo auténtica consideración intelectual. Llenaba su maleta con nuestros libros, nos hacía entrevistas, enseñaba (nos dijo) nuestros textos en la universidad norteamericana donde tenía una cátedra. Incluso publicó un ensayo encabezado con una dedicatoria a mi nombre. Bastante más de lo que podía esperar yo, empleado del cementerio y merodeador de las catacumbas literarias de la isla. Una linda relación que mantuvimos hasta mi llegada a los Estados Unidos. Trabajo me costó darme cuenta de que me estaba evitando y algo más entender por qué. Finalmente concluí que, si en Cuba yo era un demacrado pero curioso ejemplar de intelectual crítico, en Nueva Jersey era un gusano más, sin el menor interés antropológico. Pero ese descubrimiento, más allá de la decepción hacia alguien en cuya amistad había creído, no me afectó demasiado. Ya para entonces había alcanzado el escalón más alto de la especie humana, que es ser extranjero.

Elecciones

En la Cuba en que crecí, las elecciones nunca le habían importado a la gente, estuviera a favor o en contra del Gobierno. Que supiéramos el resultado de antemano no ayudaba a añadirle interés al asunto. En primer lugar, porque hacía décadas que los cubanos no elegían a su presidente: un asunto tan serio se dejaba en manos de la Asamblea Nacional. Los cubanos apenas podían escoger entre votar o no por los candidatos que les presentaban. Quinientos ochenta y tres candidatos para quinientos ochenta y tres puestos. Donde tenías la misma cantidad de candidatos que de puestos no había mucho que elegir. Como para asegurarles a los candidatos que no pasarían por el feo trance de perder en un juego sin rivales.

Aun así, el régimen se tomó muy en serio las elecciones de 1993. No lo decían, pero las asumieron como si de un plebiscito se tratara. Como si les fuera la vida en ellas. Pero a la vez actuaban como si se tratara de una elección rutinaria y simplemente quisieran hacerle la votación más fácil al pueblo, en el que confiaban por completo. «Vote por todos» era la consigna. Para mostrar lealtad al Gobierno bastaba con marcar una equis en el redondel impreso en medio de la boleta en vez de en las casillas correspondientes a cada uno de los candidatos. En ese plebiscito fantasma, el círculo representaba al régimen en su conjunto. «Vote por todos» era la manera disimulada, pero tenaz, que tenía Aquello de decirte: «Vota por mí».

De los días previos a la votación guardo la primera señal clara de que mi padre había roto con Aquello. Ahora lo denostaba con la misma energía que antes había empleado para apoyarlo. Incluso llamó a uno de sus famosos consejos tribales. De la tribu escasa de los Del Risco-Arrocha, quiero decir. ¿Cuál sería la forma más efectiva de demostrar desacuerdo? ¿Anulando la boleta o votando por un solo candidato? ¿O sería mejor no ir a votar? Cada una de las opciones tenía sus pros y sus contras. No votar no solo te hacía más notorio ante los que supervisaban las votaciones en cada barrio y te marcaba a los ojos de Aquello, sino que, además, equivalía a no existir, a no entrar en las estadísticas. Siquiera amañadas. O arriesgarse a que ellos llenaran la boleta por ti. Anular la boleta, en cambio, equivalía a entrar en un limbo todavía más indefinido. Votar por uno solo de los candidatos tenía a su favor desobedecer la consigna y entrar en la contabilidad, pero a la vez suponía entrar en el juego de la falsa elección. Decidí que mejor sería anular la boleta. Como mensaje a los que contaban los votos era mucho más transparente que la abstención o que votar por alguno. Y bastante más catártico.

En esos días me encontré con un viejo amigo. Posiblemente el más antiguo que me quedaba. Desde antes de asistir al preescolar incluso. Años atrás me ayudaba a incomodar a los funcionarios locales en las reuniones del barrio preguntándoles por asuntos para los que no tenían respuesta. Pero Abel trabajaba ahora para un centro de investigaciones científicas priorizadas por el Consejo de Estado. Todo un privilegiado en esa manera miserable que Aquello tiene de entender los privilegios.

—¿Por quién vas a votar? —me soltó.

—Abelito, tú me conoces.

Se puso a gritarme. Y yo a responderle. Lo suficiente para dejarnos claro que esa sería nuestra última conversación en esta vida.

En el fondo me alegró que me conociera tan bien.

El día de la elección fui a votar a Santiago de las Vegas. Estaba inscrito allá, en la casa de mis abuelos. Para que la casa quedara en familia si mis abuelos morían. Lo normal.

Corrían rumores varios, todos encaminados a atemorizar a la gente. Que en las casetas de votación habría cámaras. Que las boletas estaban numeradas de manera invisible para luego poder identificar a los que las anularan. El tipo de chisme que el Gobierno haría correr para estimular el miedo. O la gente para justificárselo. Fui al colegio electoral, entré en la caseta y escribí una N al lado del círculo de la boleta hasta formar un NO. Otros fueron más creativos: hubo quien dibujó un cuchillo y un tenedor a los lados del círculo para hacerlo parecer un plato vacío.

O quien convirtió el círculo en la representación del yin y el yang. Tejuca entró con su sobrinito a la caseta y le pidió que dibujara una lagartija y un tren. Yo, además del NO, eché mano de mis resabios de licenciado de Historia de Cuba y añadí: «"¿Elecciones para qué?", Fidel Castro, 1959».

De regreso a casa de Cleo me presenté en el colegio electoral del barrio al concluir la votación. Para supervisar el conteo. Aunque no fuera mi circunscripción. Según la ley, cualquier ciudadano podía ser testigo del conteo. Fui con abuela Marta, una viejita tan frágil como terca y con una curiosidad parecida a la mía. Otra que no estaba dispuesta a que vinieran a contarle los resultados. La puerta del local estaba cerrada a pesar de que la ley exigía que el conteo se hiciera a puertas abiertas. Me abrió la puerta Vázquez, el presidente del Comité de Defensa de la Revolución. Se disculpó por haberla cerrado.

—Es que los muchachos estaban jugando a la pelota y teníamos miedo de que la pelota entrara.

Vázquez, el terror del barrio, temeroso ante un juego de pelota. No era algo que él pretendiera que yo creyese, apenas una manera de llenar un silencio incómodo. Empezó el conteo. Los que habían desobedecido la consigna de «Vote por todos» eran alrededor de un tercio. Ya fueran los que optaron por anular la boleta o los que votaron por uno solo de los candidatos. No eran pocos, pero esperaba más. Esperaba que el Hambre pesara más que el Miedo. Al darse las cifras finales, Vázquez rio, nervioso.

—Pensé que había más gente que quería arrastrarme.

Eso era lo que desvelaba a las febriles bases del aparato: no tanto el miedo a perder sus privilegios, sino a terminar arrastrados por las calles. Como cuando la caída de Machado.

La histeria como arma de la Revolución.

Luego, cuando se dieron las cifras nacionales, entre los que anularon la boleta y los que se limitaron a votar por uno solo de los candidatos apenas llegaban a un 11,6%. Eso convertía a la circunscripción en la que vivía con Cleo en una de las más rebeldes del país. Nunca lo habría pensado.

Restaurantes

Una de las víctimas más notorias del Hambre fueron los restaurantes. Buena parte de ellos cerró. Y los que quedaron abiertos vendían menús de supervivencia. Cosas que nadie se atrevería a llamar siquiera comida. Para acceder a los que conservaban un menú comestible, el Gobierno diseñó un sistema de *tickets* que eran repartidos a través de los centros laborales y las organizaciones políticas. Como supuestos premios a supuestos méritos. Los dos méritos más comunes eran tener buenas relaciones con el que repartía los *tickets* o poseer dinero suficiente para sobornarlo. Tejuca reunía ambos: tenía una amiga o parienta a la que de vez en cuando le compraba un *ticket* y nos invitaba a comer con Marlén y con él. No fueron muchas veces. Cinco o seis ocasiones en cinco años, pero todas dignas de mi recuerdo agradecido. En una incluso tuvimos la buena idea de hacernos una foto con un fotógrafo que ofrecía sus servicios para inmortalizar eventos memorables. Tiempos en los que no había nada más memorable que una comida decente.

Una vez comí en un restaurante sin que mediara la generosidad de Tejuca. Mi abuelo y mi madre iban a cumplir años con dos días de diferencia y alguien me dijo que en un restaurante ubicado en una zona rural al sur de la ciudad se podían hacer reservaciones si se estaba dispuesto a acampar allí desde la noche anterior. Al llegar había varias personas, pero no tantas como para poner en peligro mi posibilidad de alcanzar reservaciones. Imaginen la hosquedad habitual, el recelo entre desconocidos que van a pernoctar juntos en una parada de autobús en una carretera en medio de la nada y, luego, la relativa relajación al darnos cuenta de que todos lograríamos nuestro objetivo. Lo normal. Hasta que llegó la medianoche y todos comenzaron a dormirse. Yo también lo intentaba cuando escuché una conversación entre dos hombres que creían ser los únicos que seguían despiertos. Acababan de conocerse y, sin embargo, ya habían alcanzado el tono confesional de los viejos amigos. Eran negros y hablaban precisamente de colores. De colores de piel. De repente uno de ellos preguntó:

—Oye, ¿alguna vez has sentido el olvido del color?

El olvido del color. En boca del hombre aquello sonaba como el nirvana. Al menos para alguien a quien le recordaban el color de su piel a cada instante. De la peor manera posible.

El otro respondió de inmediato.

—Sí, compadre, lo he sentido. —Y soltó uno de esos suspiros en los que va concentrada toda una vida.

A la mañana siguiente conseguimos reservaciones y por la noche estaba con toda mi familia celebrando y comiendo. También nos hicimos una foto. No recuerdo lo que comí esa noche. Lo que nunca voy a olvidar es aquel diálogo sobre el olvido del color. Ni aquel suspiro.

Hay otro banquete que sí recuerdo perfectamente. De nuevo junto a Tejuca, Marlén y Cleo. Apenas unas semanas después del comienzo de la crisis de los balseros de 1994, Tejuca consiguió un *ticket* para el restaurante Siete Mares. Por su cumpleaños. Todo el país estaba estremecido por la estampida de decenas de miles de personas que se montaban en cuanto objeto flotante encontraban con la esperanza de llegar a la Florida. Unos treinta y cinco mil llegaron a costas norteamericanas o fueron rescatados en el mar. No se sabía (ni se sabrá) cuántos murieron ahogados o devorados por los tiburones.

Lo que tenían para comer en Siete Mares era eso, tiburones. El único plato. Medio en broma, pero sin descartar la posibilidad de que fuera cierto, pregunté:

—¿Son tiburones de balseros?

Alimentados con cubanos ahogados en el estrecho de la Florida días atrás, quise decir. Pero no hacía falta que lo explicara: la camarera lo entendió. Es una de las ventajas de vivir en un mundo así. Hacerse entender con el menor número de palabras posible. Respondió sin pensarlo.

—No, los tiburones de balseros no llegan hasta dentro de tres meses.

La respuesta sirvió para informarnos de dos cosas. Una: que el ciclo que iba de la pesca de los tiburones a la mesa del restaurante era de unos cuatro meses. La otra era que cuando por fin los tiburones, ahítos de compatriotas, llegaran a la cocina del Siete Mares, la camarera los serviría con la misma tranquilidad con que serviría los nuestros. Porque era perfectamente normal que los cubanos apareciéramos en cualquier punto de la cadena alimentaria. Sobre todo antes o después del puesto ocupado por los tiburones.

Un ejercicio de imaginación

Me impongo de tarea imaginarme a Fidel Castro como algo distinto al tirano sociópata que destruyó mi país. Pensarlo, por ejemplo, como el revolucionario bienintencionado a quien, a su pesar, el país se le hizo mierda entre las manos. No sería difícil. Lo conseguí al menos durante la infancia y la adolescencia. Poco después, cuando el desastre se iba haciendo más evidente («hace ya mucho tiempo, ahora me es difícil recordarlo», diría Emilio García Montiel, poeta que descubrí en aquellos tiempos y que me acompaña desde entonces), acudíamos al «pero él no lo sabe». Pero por mucho que nos esforzáramos en disculparlo, él nos dejaba entrever que lo sabía todo. Hasta lo que hacíamos a escondidas: sabía incluso dónde hacíamos nuestras compras en el mercado negro, cuánto nos costaba. Que nos permitiera hacerlo era otra muestra de su generosidad infinita.

Supongamos que durante décadas Quientusabes tuvo las mejores intenciones. Que pensaba que, con todos sus defectos, el régimen que había instaurado en la isla era lo mejor que le había ocurrido a esta desde antes de la llegada de Cristóbal Colón a sus costas. Asumamos que pensaba que, con toda su chapucería congénita, el comunismo era el caballo ganador en la carrera de la Historia. Sin embargo, al llegar al año 1990, con toda Europa del Este pasándose a las huestes del capitalismo, no podía seguir haciéndose ilusiones. Ni sobre el futuro del comunismo ni sobre la funcionalidad de su régimen. Pudo haber intentado salvar al país de la catástrofe mediante una reforma profunda. Pero prefirió no arriesgarse. Entre las necesidades del país y las de su poder, no lo dudó un segundo.

Su cálculo resulta transparente: cualquier reforma real —una reforma que solo él tenía poder para llevar a cabo— equivalía a reconocer el modo abusivo y temerario en que había conducido la economía del país durante años. Pero también equivalía a conceder que los fusilamientos de los que se resistieron a la implantación del comunismo en Cuba eran injustificados. O a reconocer ante aquellos a los que había enviado a difundir el evangelio leninista por el mundo, fusil en mano, que sus órdenes habían sido criminales e inútiles. O admitir lo arbitrario que fue ejecutar a varios de sus colaboradores más cercanos y eficaces meses atrás. En cambio, si conseguía sostenerse en el poder hasta que pasara la calentura libertaria, el mundo terminaría por darle la razón. La Historia volvería a absolverlo. De reliquia de una utopía obsoleta pasaría a profeta de las nuevas huestes de la resistencia al neoliberalismo.

No se había equivocado él, sino los otros: los blandengues, los traidores. Mientras en todo el mundo se hablaba de la caída del Muro de Berlín, de revoluciones de terciopelo, Quientusabes hablaba de «desmerengamiento». El desastre del comunismo en Europa no era consecuencia de su inoperancia, sino de la falta de firmeza de sus dirigentes.

Si antes había conducido al país de manera absurda y arbitraria, ahora que no representaba otro poder que el suyo propio, el Comandante en Jefe decidió hacerlo de manera más absurda y arbitraria aún. Como si, de arrepentirse de algo, fuera de no haber sido aún más delirante. No fue solo la contracción brutal que le impuso a la existencia de por sí precaria de sus súbditos. Intentó curar los desastres que sus planes faraónicos le causaron a la economía con otros proyectos igual de monstruosos, igual de ineficaces. Fueron los años en que llevó adelante los Juegos Panamericanos y los antiecológicos pedraplenes para desarrollar el turismo en los cayos de la plataforma insular. O cuando intentó combatir el hambre con nuevas variedades de plátanos o con el cultivo de hortalizas en medio de las ciudades. En las mismas ciudades en las que te robaban cualquier cosa que no estuviera encadenada.

El invicto Quientusabes parecía vivir en un mundo paralelo a nuestras miserias. Un mundo en el que la única crisis que parecía existir era la del sistema capitalista, donde los únicos que pasaban hambre eran los africanos o el resto de los latinoamericanos, mientras en nuestro país apenas quedaba espacio para sus grandiosos planes. Una isla impermeable a la desnutrición, la avitaminosis y las epidemias. Se le veía a gusto con su actitud de Quijote empeñado en enfrentarse a la historia cuando esta se dirigía en dirección contraria. Y junto a él, once millones de Sanchos Panzas, contrastando la fantasía de su caballero con el mundo real. Pero sin posibilidad de comentarlo en voz alta. Sin embargo, múltiples detalles desmentían su supuesta desconexión con la realidad: los Sanchos empezaban a sospechar que su señor no solo conocía a la perfección lo que ocurría en el país, sino que hacía todo lo posible para que ellos no se enteraran.

Se rumoreaba sobre los (escasos) funcionarios que se atrevían a confrontarlo con los hechos para terminar destituidos. El caso más famoso fue el del viceministro de Salud Pública: osó decirle que las epidemias de neuritis óptica y polineuritis que asolaban el país se debían a la mala alimentación. Se decía que el atrevimiento le había costado el puesto al viceministro, pero ni de eso podíamos estar seguros.

Quien intente explicar las acciones de Quientusabes como el empeño de un redentor mal informado se tropezará con el modo en que trató a los que osaban hacer públicas ciertas informaciones. O cómo se condujo con los que intentaban escapar de la isla. La crueldad hacia los fugitivos y la perfidia con que manejó sus muertes lo delatan. De conservarse algún respeto por la lógica, habrá que aceptar que lo que primó en aquellas decisiones no fue el bienestar del país, sino su apego al poder. Que ni siquiera

era una cuestión de principios lo demuestra el uso que le dio a aquellos desesperados: lo mismo los mataba para que sirvieran de escarmiento que los alentaba a irse para usarlos como arma política contra Estados Unidos. Para salirse con la suya hizo todo lo que estuvo a su alcance. Desde matar niños hasta culpar de su muerte a los padres.

La única manera de equiparar a Quientusabes con el caballero de la triste figura sería imaginando a un Quijote perversamente astuto que engaña y manipula a su escudero para someterlo. Cuando este intenta escapársele lo atrapa, lo tortura y le hace proclamar a los cuatro vientos lo satisfecho que está con su caballero. Más que como parodia de novela de caballería, ese don Quijote serviría de argumento para una pesadilla.

Alcohol

Tres eran los artículos estratégicos del Período Especial. Jabón, aceite y alcohol. Marcaban la pauta del intercambio, la dirección del deseo. El aceite te ayudaba a tragar lo que te iba cayendo en las manos: desde el último logro de la alquimia gubernamental en la línea de los productos nominalmente cárnicos hasta cáscaras de vegetales. El jabón como aliado en el vano empeño de permanecer limpio en cuerpo y ropa frente a aquella realidad. El alcohol para sobrevivirla anestesiándote. De esos tres artículos, el alcohol era el único que podíamos fabricar en casa y el único que el Gobierno vendía a cada rato en la depauperada moneda nacional. Pero ni así alcanzaba.

Llegó un momento en que la producción de cerveza colapsó (o fue desviada íntegramente a atender las necesidades crecientes del turismo) y las pipas eran rellenadas con ron que se empezó a despachar bajo el rubro de «ron a granel». Cuando se estabilizó la distribución, se abandonó el sistema de pipas móviles y el ron comenzó a venderse a través de tanques fijos distribuidos estratégicamente en ciertas cafeterías de cada municipio. No había ron todo el tiempo. Cuando este tenía a bien aparecer, el pueblo enardecido formaba colas desde el día anterior a la venta y dormía en los alrededores a lo largo de la noche y la madrugada para que al día siguiente le rellenaran dos botellas con el litro y medio que vendían por persona. Solo recuerdo haber hecho una vez aquellas colas trasnochadas. Al día siguiente se casaba un amigo y cualquier cantidad de alcohol que consiguiera sería poca. Pasé la noche durmiendo en un parque cercano y a la mañana siguiente llamé a Pacheco para que viniera con dos botellas y así contribuir con tres mil mililitros de alcohol al festín nupcial. Llegó a las once de la mañana y ya una hora después habíamos hecho la compra. Mi amigo concluyó: «Esto no está tan difícil como decían».

Si no lo maté, fue para no convertir a su prometida en viuda un tanto prematura. (Vivieron en Chile durante años, y Vivian, en una de esas revanchas que ofrece el destino, se convirtió en representante de la Pernod Ricard, una de las mayores compañías de licores del mundo.)

Pero, insisto, ni siquiera ese ron a granel era suficiente para satisfacer las *necesidades siempre crecientes de la población*.

En el mercado negro las botellas de ron industrial se vendían a precio de *whisky single malt*. Es una metáfora. La mayoría de los cubanos menores de treinta años no había tenido el gusto de contemplar una sola botella de *whisky* barato. Mucho menos probarlo. Si insisto en llamarlo ron «industrial» es teniendo en cuenta que buena parte del alcohol que consumíamos era de confección casera. Ya fuera producido en alambiques clandestinos o por nosotros mismos.

La variante más común era el vino. Mejunjes compuestos de agua, azúcar, levadura y algún tipo de fruta o grano para que le diera un *bouquet* especial. Todo eso se metía en un recipiente lo bastante grande como para albergar una veintena de litros o más y se guardaba en el sitio más oscuro y fresco de la casa. Dependiendo de la levadura que se usara, el proceso de fermentación podía fluctuar entre una docena de días o un mes. Lo más común era utilizar levadura de panadería conseguida en el mercado negro o, a falta de ella, usar como catalizador migas de pan. Había quien usaba mierda de recién nacido porque, decían, contenía la misma bacteria de la levadura. Mierda de cuando el bebé se alimentaba solo con la leche de la madre y esta no apestaba. Me refiero a la mierda. Nada garantizaba que la madre tuviera jabón para bañarse.

Gracias al laboratorio donde Cleo trabajaba, disponía de una levadura potentísima capaz de convertir cualquier mejunje en vino en menos de dos semanas. Debía estar alerta porque apenas un par de días de descuido bastaban para convertir el vino en vinagre. En tiempos de abundancia el vino se hacía con arroz. O con chícharos. O con jugo de naranja o toronja. Luego se pasó a una etapa experimental en la que comenzamos a utilizar materias primas más asequibles. Después de varias pruebas, lo más accesible y funcional que encontré fue el romerillo, hierbajo rematado por una florecilla amarilla y blanca. Su mayor virtud era crecer por todas partes.

Llegado el momento de la producción, arrancaba aquellas hierbas, las lavaba y las hervía, y aquel cocimiento, junto con el azúcar, la levadura y el agua, era fermentado en un viejo botellón de agua mineral, recipiente que, como la mayoría de los que usábamos, databa de antes de la llegada de Aquello.

Aquello nunca fue muy bueno fabricando envases. Ni productos con que rellenarlos.

El resultado no era especialmente grato. A alguien con un paladar más experimentado que el nuestro debía recordarle en sabor y aspecto a una sidra mal fermentada y turbia. A eso debe añadírsele que, al decantar el vino, solía escaparse algún trozo de hoja o tallo de romerillo, lo que le valió el apodo de «el almuerzo», cortesía de Tejuca. En cierta ocasión, mi amigo Fumero me regaló unas frutas de carambola, desconocidas hasta entonces para mí. De la fermentación de la carambola salía un líquido amarillento y cristalino, muy superior al habitual vino de romerillo, pero Fumero se escabulló a Suecia y nunca más volví a encontrar tales frutas. Llegué a recoger unas frutillas moradas semejantes a la uva que daban unos árboles que se alzaban en el muro trasero del cementerio, pero, aunque el color se asemejaba mucho más al de un vino tinto, el sabor no era lo bastante convincente para insistir con él.

Nunca hablaré con desprecio de aquellos vinos. Agradecido les estoy a caldos que durante años animaron nuestras fiestas, nos distrajeron de la realidad y hasta algo de dinero me hicieron ganar. Porque si alguna brecha ha habido en mis nulas relaciones con el mundo de los negocios fue debido a aquel vino casero. Enterados de mis experimentos domésticos, un par de viejos amigos, Luis Carlos y Tatá, me invitaron a participar en un negocio que tenían en mente. Producir vino casero en grandes cantidades y venderlo en el barrio, justo en el momento más propicio, aquel en que no quedaba otro remedio que echar mano a una botella: aquellas noches que los apagones hacían insondables e infinitas. Un remedio contra el aburrimiento o el insomnio causado por el calor, los mosquitos y la falta de ventiladores. Hasta le pusimos nombre al vino: El Apagón. Tejuca, siempre dispuesto a mejorar las apariencias de la realidad, diseñó una etiqueta que Luis Carlos reprodujo en la fotocopiadora de su trabajo.

No recuerdo que se llegaran a vender botellas con etiqueta. Ni falta que hacía. En las noches oscuras de Buenavista aquellas botellas se evaporaban. Mi intervención en el negocio, afortunadamente, no tenía que ver con la venta. Apenas me encargaba de proveer parte del azúcar con que se hacía el vino y la superlevadura de laboratorio que nos ponía por delante de la competencia.

El dinero empezó a aparecer en cantidades mayores de las que esperaba. Porque en el único negocio que intenté en la vida me tocaron los socios más honrados que uno pueda imaginarse. Con Tatá y su cuñado Luis Carlos era una indecencia contar el dinero o siquiera preguntar por el monto total de las ganancias. Al contrario: siempre tenía la sospecha de irme con más de lo que merecía. Luego las ganancias empezaron a mermar. A veces porque algún barril de vino se echaba a perder y en general porque no éramos buenos negociantes. Pero también porque nos surgió la competencia más difícil de enfrentar en las circunstancias del socialismo real: el Estado cubano. Este, incapaz de tantas cosas, empezó a producir un brebaje tan infame como el nuestro. Un vino elaborado a partir del jugo de naranja. Lo llamó «vino espumoso», como si se tratara de una variante local del champán. Si superaba en calidad al nuestro, era discutible, pero bastaba el volumen y el precio para sacarnos de la competencia.

Para explicar los efectos de la realidad en el lenguaje, suele mencionarse el caso de la nieve y los esquimales. Se ha dicho que, a fuerza de estar rodeados de nieve, los esquimales tienen decenas de expresiones para designar sus distintos estados. (Luego algún periodista listo ha aclarado que lo anterior es falso, hasta que otro más listo aún venga a afirmar que el asunto es más complicado.) Algo parecido a lo de los esquimales con la nieve nos pasaba a los cubanos con los alcoholes caseros. Montones de nombres para designar líquidos que solo grandes dosis de desespero etílico y existencial hacían aceptables. Desde «chispa e' tren», el nombre genérico usado para referirse a una amplia gama de alcoholes destilados en casa, hasta «hueso de tigre», para el alcohol combustible mezclado con kerosén que se intentaba refinar por métodos tan oscuros como insuficientes. O el «azuquín», destilado a base únicamente de azúcar, sin otros aditivos. Los llamados oficialmente «vinos espumosos» trajeron a su vez su propio repertorio de nombres que aludían a los efectos demoledores que tenían en sus consumidores: desde «bájate el blúmer» hasta «el hombre y la tierra», nombrado a partir de un programa español sobre la naturaleza muy popular en la década de 1970 —tal era el efecto que traía sobre la estabilidad o el decoro de los bebedores—. Razones parecidas estarían tras apodos como «saltapatrás», «espérame en el piso», «duérmete, mi niño» o «tumba repello», este último en alusión a la tendencia de sus víctimas a recostarse contra la pared. Nombres que venían a añadirse a productos de sequías etílicas anteriores como «alcolifán», «alcolite», «guarfarina» o «guachipupa». O la legendaria canchánchara que se preparaban nuestros luchadores por la independencia antes de ligarla con la Coca-Cola norteamericana y dar lugar al todavía famoso cubalibre.

En medio de los continuos desencuentros entre el Estado y el pueblo, ambos estaban de acuerdo en algo: aquella realidad no se podía tragar en seco, sin algo de anestesia. La marihuana todavía arrastraba el estigma de los años en que te mandaban una década a la cárcel con solo probarla. La cocaína que se había quedado encallada en Cuba, remanente de los tratos con Pablo Escobar, era asunto de élites. El alcohol era entonces, de modo preferente, el opio del pueblo. Nuestro vino era agrio y nuestro alcohol, atroz, pero no había otra cosa. Todavía hoy no tenemos idea de lo que sufrió el hígado de la nación en aquellos años.

Dinero

Hacia 1968 Quientusabes pretendía adelantar la llegada del comunismo eliminando el dinero. El vil papel —decía— era uno de los últimos obstáculos que nos separaban de la igualdad más perfecta, donde todos trabajaran por puro deseo y recibieran lo que necesitaran sin que mediara ese artefacto que había envenenado el alma de los hombres poniéndole precio a todo, a todos. Si bien el dinero estuvo lejos de desaparecer, nunca tuvo menos importancia que en aquellos años. Se abolió el cobro por los espectáculos deportivos y se subvencionaron buena parte de las actividades culturales. En una época en que el salario de un médico experimentado era no más de cuatro o cinco veces el de un barrendero novato y en la que había poquísimos artículos a la venta, el dinero importaba bastante poco. En todo caso, mucho menos que veinte años más tarde, cuando había menos artículos que comprar, pero la comida se había vuelto tan inalcanzable como el comunismo.

Aquellos billetes con rostros de patriotas en el anverso y escenas que exaltaban la gloria de la Revolución Cubana en el reverso tenían un enemigo pérfido, furtivo: el dólar norteamericano. El dólar estaba prohibido desde el principio de los tiempos y su mera tenencia podía costarte hasta seis años en prisión. En 1984, uno de los deportistas más admirados del país había sido expulsado de toda competencia oficial por aceptar noventa dólares de un colega extranjero. Una limosna para un talento que valía millones allí donde supieran apreciarlo.

Incluso desde la clandestinidad, el dólar servía de referencia al valor real de nuestro dinero: cinco pesos por cada dólar era el cambio establecido en la calle. El Estado no se daba por enterado y les hacía pagar a los extranjeros algo más de un Washington por cada Martí. No obstante, la calle tenía la última palabra. En la década de 1980 ya existían tiendas en dólares en las que los extranjeros y algunos nacionales muy bien conectados podían comprar artículos desconocidos en el país. Aquellos eran los buenos tiempos. Ahora que el dinero nacional no paraba de depreciarse, la gente prefería resguardar su valor cambiándolo por dólares. Un cantautor, que en una de sus canciones más famosas mencionaba la tasa de cambio, debía actualizar la letra mes tras mes.

Los campesinos, los únicos en producir comida al margen del Estado, desconfiaban de la moneda nacional por su falta de valor. Y de la extranjera porque, poco acostumbrados a ella, para falsificarla bastaba una fotocopia. Preferían el trueque: un saco de arroz por un par de botas. Cosas así.

Por un tiempo mucha gente prefirió el trueque de mercancías al uso de papeles que cada vez significaban menos. Pero la vieja costumbre del dinero, con su precisión de pesos y centavos, hacía que las partes involucradas en el intercambio se sintieran estafadas por igual, aunque no tanto como a la hora de cobrar su salario.

No era la hiperinflación alemana de 1923 ni la de Venezuela del 2018, pero en la economía parapléjica de la Cuba de la década de 1990 se sentía como si lo fuera. Excepto una ínfima minoría de buscavidas, autorizados o no, la casi totalidad de los cubanos trabajaba para el Estado a cambio de salarios que se habían mantenido inalterables por décadas. En cuestión de tres años, el sueldo promedio había pasado de equivaler a unos cuarenta dólares mensuales a contraerse a apenas dos. La única salvación posible estaba en la moneda enemiga. Siempre que la policía no te agarrara con ella, claro.

Las vías de adquisición de dólares eran en lo esencial dos. El turismo y las remesas, industrias ambas que atravesaban sus laboriosos inicios. Al mando de la industria turística estaban los aprendices de empresario, gente de confianza. Una confianza que en Cuba solo se puede adquirir en el Ejército o el Ministerio del Interior. O en la jefatura del Partido y de la Unión de Jóvenes Comunistas. Por otro lado, estaba la infantería del turismo, conocidos popularmente como jineteros o jineteras. Gente por lo general humilde que negociaba con su propio cuerpo (o mercadería menor) a cambio de dólares. O en especie, algo menos peligroso a ojos de la policía que la moneda enemiga. Gente que era parte del proceso de acumulación originaria del capital de aquellos años, pero cuyo principal objetivo era conseguir que algún turista la sacara de ahí por los medios que fueran. Para entonces incorporarse al otro frente, el de las remesas.

El tema de las remesas era más complicado. En principio, a excepción de aquellos que tercamente habían mantenido relaciones con sus parientes en el extranjero a riesgo de ser considerados gusanos, se trataba de restablecer relaciones rotas por décadas. Recordarles a los que habían emigrado los mismos lazos familiares que años atrás resultaban incómodos, prescindibles. Apelar a la lástima y a recuerdos no menos tramposos. Ofrecerles recuperar una rama familiar con todos sus afectos por cien, cincuenta o treinta dólares al mes. Apadrinar parientes en la isla en lugar de niños africanos desconocidos y probablemente falsos. Cuando la solicitud era rechazada de plano o resultaba imposible de satisfacer por una tía jubilada que vivía de su retiro en Hialeah, había que apelar a otras medidas. Como renovar la cuota de familiares en el extranjero. Alentar a los hijos, a los padres o a quien fuera a marcharse para que enviaran dinero. Alguien a quien no tener que recordarle los profundos afectos, etcétera. Alguien que saliera del país ya consciente de sus obligaciones familiares.

Mientras la posesión de dólares fue delito, buena parte de las transacciones en esa moneda se hacía al margen del Estado. A principios de la década de 1990 el mercado negro era el único realmente existente. En las noticias de la época se habla de entre cien y doscientos millones de dólares circulando en el mercado negro. Hasta que llegó el momento en que el Estado no pudo seguir al margen de la circulación de dinero y, muy a su pesar, y tras décadas encarcelando gente por poseer aquel corruptor papel moneda, legalizó su tenencia.

El decreto que despenalizaba la moneda convertible lo firmó Fidel Castro el 14 de agosto de 1993, un día después de su sexagésimo séptimo cumpleaños. ¿Recordaría en ese momento que de niño le había escrito al entonces presidente norteamericano Franklin Delano Roosevelt: «Si le parece bien, envíeme un billete verde americano de diez dólares en la carta porque nunca he visto un billete verde americano de diez dólares y me gustaría tener uno»? Quizás Quientusabes tuvo piedad del niño que fue y quiso ver muchos más billetes verdes.

Al día siguiente, las tiendas del Estado que vendían productos en dólares no daban abasto. Se abrieron otras, administradas directamente por el Ejército, que imponían un sobreprecio del 240 % sobre el precio original. TRD eran sus iniciales. Tiendas Recuperadoras de Divisas frente a las que se aglomeraba el pueblo enardecido para comprar la ración básica de aceite, jabones y detergente. Si acaso algún lujo como espaguetis, aceitunas. O Coca-Cola, fabricada en Israel. O una lata de cerveza que se compraba con el gesto de triunfal resignación con que los pobres del resto del universo compran una botella del mejor champán.

Los vendedores ambulantes del barrio, con trabajada intuición, se concentraron en la clientela poseedora de dólares, despreciando al resto. Justo entonces entramos en la categoría de los elegidos. La hermana de Cleo se había marchado a Alemania y desde allá empezó a enviarnos cien dólares mensuales. Aquel dinero Cleo debía compartirlo con su padre y su madre, divorciados hacía años, pero cien dólares divididos entre tres seguían pareciendo una enormidad. Si le parece poco vivir con un dólar al día, pruebe a hacerlo con siete centavos.

Los vendedores del barrio llegaron a nuestra puerta instantes después de la primera remesa. Nos ofrecían productos a los que no teníamos acceso ni siquiera en los «buenos tiempos». El mercado negro tiene sus propias leyes. No entiende la diferencia entre la necesidad y el lujo. Puede carecer de arroz o cebollas y de pronto aparecer con bolsas de camarones. A dólar la libra. O con piernas de jamón. Jamones curados con métodos artesanales, defectuosos y que al menor descuido se echaban a perder, pero te cambiaban la vida durante el tiempo que merodeaban sus trocitos de carne mal curtida por los rincones del refrigerador.

De momento, la legalización del dólar no disminuyó el poderío de la moneda enemiga ni reforzó el valor del dinero patrio. Como no cambió el destino de los ¿cientos? ¿miles? de detenidos por el delito de «tenencia ilegal de divisas». Seguían pagando la culpa de haber entrado en contacto con la moneda de Satán antes de que fuera exorcizada.

El nuevo estatus del dólar sirvió en cambio de distracción momentánea antes de que la gente comprendiera que todo el dinero ahorrado durante años apenas alcanzaba para comprar un manojo de dólares y, con estos, una cantidad incluso más penosa de insumos. Que el salario de un mes no alcanzaba para comprarse una botella de aceite. Que el trabajo de un año apenas daba para comer y bañarse por un mes. Y que de nada valía que los dólares fueran legales si no tenías manera de conseguirlos.

Irse

La única salida factible para aquel desespero colectivo era literal e individual. Irse. Para siempre. El que se iba regresaba solo en fotos. Fotos en colores, de gente sonriente, rozagante, feliz ante algún plato de comida, copas de vino, botellas de cerveza. Para llenar aquel rostro demacrado que habíamos despedido bastaban un par de semanas.

No nos culpen si atribuíamos cualidades mágicas al capitalismo, al Mundo Exterior, a lo que estuviera pasando más allá de aquella isla devorada por el hambre, pero aquellas fotos previas a la invención del Photoshop daban fe del milagro que era para nosotros una vida normal.

Ir a despedir amigos al aeropuerto se convertía en una pelea a muerte entre el dolor de la pérdida y la envidia de no poder acompañarlos. Pero siempre ganaba la segunda. Las cartas y las fotos no mejoraban la frustración incurable de seguir allí donde no quedaba nada por hacer excepto pasar un poco más de hambre, engordar el desespero.

Pero los aviones estaban al alcance de muy pocos. Los que podían escapar montados en una beca de estudios, un contrato laboral o la carta de invitación eran muchísimos menos que los que deseaban irse. Otros aprovechaban el desliz momentáneo de alguna embajada que decidiera no exigir visas para entrar en su país, lapsus que el destino le cobraba con cientos de cubanos aterrizando en sus aeropuertos en cuestión de semanas.

Para el común de los cubanos apenas quedaba la vía más peligrosa y difícil: la marítima. Desde el principio de los tiempos, el Gobierno había tomado medidas para negarles a los cubanos el acceso a cualquier embarcación: desde limitar al máximo las licencias de pescadores hasta prohibir que los nativos abordaran embarcaciones turísticas, pasando por la vigilancia armada de los sitios donde atracaban yates y botes y la sistemática sustracción de piezas de los motores para evitar que se llevaran las embarcaciones. Resultado: habían conseguido reducir la pesca a la más pura insignificancia, pero no impedir que decenas de personas se fugaran por mar cada mes.

Allí también intervenía la fortuna. Algunos lograban su objetivo en el primer intento. Otros se habían vuelto expertos en fugas frustradas tras diez o quince intentos. Por mal tiempo, por una rotura del motor o por los guardacostas. Si te atrapaban, el código penal establecía condenas de uno a tres años, pero si la embarcación o algunos de los elementos que la componían tenían origen ilegal, la dieta de aire fresco se podía extender hasta ocho años. De ahí que la principal preocupación de los fugitivos en trance de ser capturados fuera echar al mar el motor robado o comprado en el mercado negro, lo que venía a ser lo mismo. Luego el momento de echar al agua aquel motor que tanto les había costado conseguir lo narraban como el clímax de su fracaso.

De otros fugitivos no se volvía a saber nunca más.

De cada una de esas variantes todos conocíamos unos cuantos casos.

Una noche Cleo y yo fuimos a ver una película a casa de nuestra vecina Martica, propietaria de un televisor en color. Lo hacíamos cada vez que la película que pasaban ameritaba que la molestáramos. Vecina generosa y dulce, Martica, con sus casi seis pies de estatura y su voz de estremecer cristales, tenía soluciones para cada problema que nos presentaba la vida. Esa noche pasaban *Superman* por primera vez en la isla, apenas quince años después de su estreno en el resto del planeta.

Nos extrañó que nos dijese desde la puerta apenas entreabierta que su televisor no funcionaba mientras por debajo de su susurro estentóreo se escuchaba la voz del aparato. Un día después la isla fue azotada por un temporal lo bastante potente para que terminaran llamándolo la Tormenta del Siglo. Una tormenta que, entre otras hazañas, consiguió doblar una grúa del puerto como si estuviera hecha de plástico. Días más tarde, Martica apareció en casa para disculparse por no habernos dejado ver *Superman*. Aquella noche su hijo había estado preparando en la sala de la casa una balsa inflable con la que zarpó de madrugada. A las seis horas o así lo había recogido un guardacostas norteamericano. De haberse demorado unas horas más, habría estado a merced de la Tormenta del Siglo. Martica estuvo temiendo lo peor hasta que recibió desde Miami una llamada de Tato, su hijo, avisándole de su llegada.

Esa fue una historia con final feliz.

Otras no tenían finales felices. Ni de ningún otro tipo. Como en el caso de las madres que nunca volvieron a saber de sus hijos. O de los padres, hermanos, hijos que no volvieron a ver a hijos, hermanos y padres. Pero no nos engañemos. Son las madres las que menos se resignan a aceptar la falta de noticias de sus hijos como final de su historia.

Bruce Willis
y Wonder Woman

La barbarie alcanza su definición mejor cuando se convierte en divertimento. La barbarie no es más gratuita o absurda que cuando se empeña en matar el tiempo. No es la barbarie amaestrada de los deportes que fija límites claros entre contrincantes y espectadores, sino aquella que convierte toda la vida en campo de batalla. En Cuba siempre había existido esa barbarie, pero constreñida a ciertos grupos, ciertos ambientes. Tipos que se divertían en los carnavales cortando nalgas de bailarines distraídos. Con navajas envueltas en pañuelos de seda, para que sus víctimas no sintieran el dolor del corte de inmediato y vinieran a darse cuenta cuando ya la sangre les enfriaba los pantalones. O los que lanzaban bengalas en los bailables del Salón Rosado de La Tropical para troncharse de la risa viendo el horror en los rostros alumbrados por el disparo. O los que emboscaban autobuses para acribillarlos con huevos o pedradas. (Doy fe de la vez que un ladrillo entró por una ventana del autobús para aterrizar en mi espalda.) Pero esos eran otros tiempos, todavía impulsados por la inercia de la civilización anterior.

Con el Hambre, la barbarie se hizo omnipresente y los viajes en guagua se convertían con frecuencia en versión manigüera de *Mad Max 2*. No hablo de la costumbre de viajar colgados de puertas y ventanas rumbo al trabajo o de regreso a casa. Eso todavía entraba en el campo de la necesidad. Hablo de tribus posapocalípticas que asaltaban el transporte urbano, aterrorizaban a los pasajeros, subían al techo o entraban por las ventanas y golpeaban a la gente por mera diversión.

Como aquel domingo en que regresábamos de casa de mis abuelos en Santiago de las Vegas. Algo le pasaba al motor de la guagua que la hacía avanzar con lentitud geológica. En otros tiempos el chofer hubiese rendido el viaje allí mismo, pero ahora no quería arriesgarse a quedarse abandonado en medio de la nada sin que nadie viniera a rescatarlo. Por eso se empeñaba en seguir adelante a una velocidad previa a la invención del ferrocarril.

Íbamos por la calzada de Bejucal cuando a la altura del parque Lenin nos asaltó una turba que regresaba de unas piscinas públicas cercanas. Más que en *Mad Max 2*, estábamos en *La diligencia*, de John Ford. Por lo artesanal y salvaje del asalto y por la escasa velocidad del autobús, algo que les permitía a los asaltantes no solo encaramarse al techo del vehículo, sino también lanzarse bajo este, dejarlo pasar por encima de ellos y luego incorporarse, darle alcance e inventarse una nueva acrobacia. Cuando se cansaron de divertirse en el exterior del autobús, penetraron en él para aterrar a los pasajeros pegándoles aleatoriamente. Uno de los asaltantes agarró una de las hojas de la puerta central, la arrancó y la lanzó a la carretera sin que el autobús redujera o aumentara su velocidad.

Ese fue el momento en que tomó control de mis acciones el Bruce Willis que todos llevamos dentro. Willis decidió impedir que los vándalos penetraran en el último tramo de pasillo del autobús porque, una vez que tomaran ese reducto —razonaba—, ya sería imposible defender a Cleo si decidían agarrarla con ella. Por desgracia, mi Bruce Willis no tenía armas ni era experto en artes marciales. Apenas contaba con la voluntad de impedir que los malos hicieran de las suyas, voluntad algo lastrada por mi limitado físico. Mi Bruce Willis interior me obligó a pararme a la entrada del pasillo que conducía al fondo del vehículo y agarrarme con cada mano a los dos tubos que lo enmarcaban para así dejar clara mi resolución de impedir el avance bárbaro. Uno de los asaltantes caminó hacia mí y, sin pensárselo mucho, me soltó un mandoble con la tabla que llevaba en la mano. La conseguí esquivar, pero al parecer a Cleo, quien estaba parada detrás de mí, se le despertó la Wonder Woman que lleva dentro y, sacando su brazo izquierdo por debajo de mi axila, trató de detener el golpe con la mano: todo lo que consiguió fue que la tabla la golpeara en el dedo corazón y le abriera una herida. Todavía *Matrix* no existía y, por tanto, no había puesto de moda el *bullet time*, ese efecto en el que todo ocurre a una velocidad infinitamente lenta y hasta la trayectoria de las balas puede apreciarse con detalle. Si aplicáramos el *bullet time* a esa escena, podríamos ver cómo, mientras la guagua avanza a menos velocidad que las balas en *Matrix*, el vándalo me lanza el tablazo, yo arqueo mi cuerpo escaso hacia atrás para esquivar el golpe y en ese mismo instante Wonder Woman saca sus brazos por debajo de los míos para atajarlo. (Ahora me doy cuenta de que el *bullet time* siempre existió: se llamaba literatura y ya lo utilizaba Homero para narrar el combate entre Héctor y Áyax.) Si en ese momento la cámara girara para asumir la perspectiva del visigodo, lo que él vería es que a su rival le ha salido un nuevo par de brazos para defenderse. Shiva o Kali encarnados en el cuerpo de un faquir cubano que viaja en un autobús renqueante por la calzada de Bejucal. Eso explicaría por qué el atacante, en lugar de seguir avanzando tabla en ristre, se retiró de inmediato hacia la zona delantera de la guagua para alivio de Bruce Willis, Wonder Woman y los cuerpos que los contenían.

A partir de ahí mis recuerdos se nublan. Con los visigodos todavía al mando de la mitad delantera del autobús, un pasajero sentado a mi derecha se levanta de su asiento, me ofrece su apoyo y con un gesto se alza la camisa lo suficiente como para que vea asomándose por su cintura el borde oscuro de una culata de pistola. Así me hace saber no solo que está armado, sino que, aun vestido de civil, es un representante de las autoridades, únicas facultadas para portar armas. Eso lo hace segundos antes o después de que el autobús alcance agónicamente el destino buscado por el chofer como si de un fuerte en territorio disputado a los nativos se tratara. Cuando el autobús se detiene al fin frente a la estación de policía de El Capri, los vándalos se retiran a la saltarina velocidad de las películas silentes en dirección al temible barrio de La Güinera, el sitio del que procedía la mayoría.

Fue una de las escasas evidencias en mis años cubanos de que la parte del presupuesto destinada a pagar a la policía se usaba en otra cosa que no fuera reprimir nuestros derechos. De que, con su mera presencia, la policía podía servir como barrera de contención al imperio absoluto del caos. Un caos —me decía para no concederle demasiado crédito a las autoridades— que tenía mucho de inducido a base de negligencia cotidiana y represión selectiva. Pero, debía reconocerlo, de no haber habido allí una estación de policía, poco habrían podido hacer mi Bruce Willis interior o Wonder Woman frente a los feroces visigodos de La Güinera.

(Lo anterior fue escrito antes del 11 de julio de 2021. Ese día, decenas de miles de cubanos salieron a las calles de toda la isla pidiendo libertad. Algo que era inimaginable incluso el 10 de julio de 2021 tiene que redefinir todo lo que habíamos pensado de Cuba hasta entonces. Porque los cálculos que se hacían sobre aquella realidad partían de la condición infinita del miedo cubano. Y la pelea cubana del 11 de Julio contra el miedo tuvieron un lugar destacadísimo los habitantes de La Güinera. O sea, algunos de los que habían asaltado la guagua en la que viajé esa tarde. O tal vez sus hijos o sus amigos. De La Güinera fue el único muerto de aquella jornada reconocido por la prensa oficial. Fácil ponerse siempre del lado del oprimido. Difícil en mi caso sin sentirme un tanto oportunista desde la distancia que me pone a salvo de cualquier posible desmán de los que protestaron el 11 de julio. Pero es bueno que me ocurra y así meterme en el pellejo de la actual burguesía pobretona de la isla, que habrá visto las protestas con el mismo temor que los blancos cubanos los alzamientos haitianos al final del siglo XVIII. Y a la policía como la última barrera entre su miserable existencia actual y el caos absoluto. El miedo —al negro, al pobre, al marginal— como último reducto del socialismo cubano.)

Las fugas

Parecía que cada día alguien se escapaba de aquella isla de manera espectacular, sublime. Los rumores se regaban por la ciudad con más eficacia que si hubiesen dado la noticia en televisión, aunque al final dejaran esa sensación difusa de los hechos que transcurren en sueños, esa incertidumbre. No todo eran rumores. La noticia del piloto de guerra que rescató a su familia en una avioneta la dieron por una emisora de Miami que escuchábamos con el ansia con que la Francia ocupada sintonizaba la BBC de Londres. Primero el piloto había escapado a bordo de un MiG soviético a la Florida. Más tarde, al pedir que dejaran marchar a su familia, Raúl Castro había declarado que, si tenía valor, viniera a buscarla él mismo. El piloto cimarrón obedeció a su antiguo jefe una última vez. Le avisó a su mujer que lo esperara con sus hijos en la carretera que va de Matanzas a Varadero con camisetas fosforescentes que les envió a través de una turista mexicana. Aterrizó allí en una avioneta diminuta al anochecer, cargó con su familia y se largó rumbo a la Florida. Volando a ras del mar para no ser detectado por los radares. Ocurrió en diciembre de 1992, y en Miami lo tomaron como un milagro navideño.

En Cuba, donde hacía décadas que no sabíamos qué era una Navidad, acogimos la noticia con alegría discreta. Pero la discreción no impedía que nos sintiéramos como si en aquella avioneta hubiera volado algo nuestro. Recuerdo que cuando me dieron la noticia atravesaba la plaza de la Catedral y alcé infantilmente la vista hacia el cielo. Como si todavía pudiera alcanzar el rastro del avión, como si en ese instante fuera un poquito más libre.

Los rumores se repetían hasta crear la impresión de que toda Cuba se estaba yendo. Como si ser uno mismo parte de aquellas fugas de leyenda fuese cuestión de tiempo.

Deportistas que abandonaban su equipo en medio de un partido en el extranjero o músicos su orquesta durante un concierto.

Una lancha rápida había desembarcado en la playa para llevarse a una familia y un grupo de bañistas ajenos al plan de fuga se había montado en la lancha como obedeciendo a un reflejo condicionado.

Desviaban un avión a la Florida y la inmensa mayoría de los pasajeros decidía quedarse.

Se habló de dos embarazadas que cruzaron solas el estrecho de la Florida en balsa y de varios que lo hicieron en tablas de surf.

Científicos del Instituto de Oceanografía se marcharon en uno de los barcos que tenían para investigar. Rumbo norte y sin regreso.

Una fiesta colectiva y secreta. Una competencia por ver quién escapaba en el medio más ingenioso. Antes de subir a un vuelo nacional, cada cubano ya había decidido qué haría en caso de que el avión fuera desviado hacia la Florida. No todos decidían quedarse en el sitio a donde desviarían el avión, pero nadie descartaba la posibilidad del secuestro. No pocos temerían o desearían en sueños que, al despertar, alguien les dijera que la isla había sido desviada en dirección norte: les quedaba decidir si se apearían en los cayos de la Florida o seguirían a lomos de la patria encallada.

La consigna general era «El último que se vaya, que apague el Morro», el faro que iluminaba la entrada de la bahía de La Habana desde hacía siglos: alguna medida de ahorro debía tomarse ante la fuga unánime.

Circulaban chistes en los que Fidel y Raúl tenían un último diálogo en la isla. En uno de ellos, Fidel se quejaba de que los fueran a dejar solos y Raúl le contestaba que no contara con él porque también pensaba fugarse.

Pero en la vida real, ni Raúl parecía dispuesto a abandonar a su hermano ni este a quedarse sin súbditos. Así que decidió cortar la alegría continua de las fugas. Cortarla frente al litoral, para que todos pudiéramos enterarnos. En julio de 1993, los guardafronteras ametrallaron una lancha que llegó a Cojímar a recoger gente. Mataron a tres e hirieron a varios más. En octubre de ese mismo año supimos de un muchacho de Regla al que mataron a golpes tras haberlo capturado intentando fugarse. Le entregaron a la madre el féretro cerrado con orden de no abrirlo. Eso fue pedirle demasiado. Al abrirlo encontró el rostro del hijo deformado por los golpes. La gente del pueblo cargó con el ataúd hasta la estación de policía y la rodeó durante horas hasta que aparecieron refuerzos. Eso decían.

A falta de noticias, me propuse corroborar los rumores por mí mismo. Fui hasta Regla y visité a una amiga que me confirmó la muerte del muchacho y la protesta masiva de los reglanos —cosa rarísima en medio de Aquello—, un pueblo de orgullos arraigados, acostumbrado a ver en el ataque a uno de los suyos una ofensa contra todos. Antes había ido a Cojímar a ver a una amiga, antigua empleada del cementerio, quien vivía allí con su esposo, un artista bastante conocido. Me hablaron del tiroteo de los guardafronteras contra la lancha y de cómo el pueblo se lanzó a la calle a protestar hasta la llegada de las temibles Tropas Especiales, que dispersaron a la multitud ametrallando el aire. A la mañana siguiente, Cojímar recibió un nuevo ataque. Esta vez fue una invasión de puestos de croquetas y pipas de cerveza para aplacar la indignación de la gente.

(No hace mucho vi una película rusa, *¡Queridos camaradas!*, que recontaba una matanza real en la era soviética. Allí también el ametrallamiento era sucedido por un desembarco de comida. Parece ser un procedimiento básico del manual universal de instrucciones del totalitarismo).

Todavía no sé bien por qué insistía en ir a informarme en persona sobre lo que ocurría. No tenía ningún medio para compartir esa información, como no fuera integrarla a la infinita cadena de rumores. Ni siquiera tomaba notas de lo que me contaban. Actuaba como si todavía necesitara pruebas de la maldad intrínseca de Aquello. Quizás intentaba lo único que creía a mi alcance en esos días: ser testigo de segunda mano de lo que ocurría, aunque no pudiera hacer nada con la información. La impotencia es de esas cosas a las que no vale la pena buscarle explicación racional.

Números

32 293. Ese es el número de inmigrantes ahogados en el Mediterráneo entre 1993 y 2017. Hay listas con nombres y apellidos. Una organización en Ámsterdam lleva la cuenta y actualiza las listas. Eso es lo que le falta a este libro. Números. Cifras. No hay ninguna organización que se encargue de llevar la cuenta de los cubanos ahogados en el mar tratando de escapar de aquella época terrible. O los que trataron de escapar por la vía metafórica del suicidio. O los que perdieron la vista o la capacidad de moverse por falta de vitaminas. Quien puede tener esas estadísticas es el Gobierno cubano y nunca las ha hecho públicas. Todo lo contrario. Las cifras de suicidios son asunto del Ministerio del Interior y, como tal, secreto de Estado.

Las únicas cifras con las que podemos contar son las que ofrecen organizaciones internacionales sobre la economía. De acuerdo con ellas, entre 1990 y 1994 el Producto Interior Bruto en Cuba cayó un 40,1 %. Para que se hagan una idea, durante los peores años de la Gran Depresión, el PIB de los Estados Unidos cayó un 30 %. Si se considera que el punto desde el que cayó la economía cubana en la década de 1990 fue muchísimo más bajo que el de Estados Unidos en 1929, podría concluirse que la caída fue menos dolorosa. Pero no. La contracción del 40,1 % de una economía que nunca había conocido un instante de holgura en las últimas décadas tenía que ser asesina por necesidad.

Todo nuestro conocimiento de aquellos años es puramente anecdótico. Somos una tribu sin escritura ni archivos. Si pensamos en suicidios, tenemos que apelar a los de gente conocida, algún vecino, personalidades más o menos famosas. O a algún caso que por su extrañeza sobresalió entre los otros y alcanzó la dimensión de leyenda urbana. Como el de un edificio de apartamentos que se alzaba en el barrio de Cayo Hueso y en el que se desató —decían— una epidemia de suicidios. Se hablaba incluso de personas que acudían desde otros barrios expresamente a subir sus doce plantas y saltar. Porque, ahora que lo pienso, en La Habana ni siquiera abundaban lugares para saltar al vacío. Buena parte de los edificios más altos eran instituciones del Gobierno. U hoteles. Y a los cubanos se les tenía prohibido entrar en los hoteles, a menos que trabajaran en ellos. Pero si disfrutabas del privilegio de trabajar en un hotel, no andabas pensando en suicidarte.

Los suicidios de poetas constituyen una categoría aparte. Como el de Raúl Hernández Novás, quien se mató de un disparo con un arcabuz perteneciente a un antepasado suyo. Si difícil era encontrar los materiales y el conocimiento para disparar un arma así, más lo sería matarse con ella. Se habría visto como un gesto romántico de no haber ocurrido en el verano más insoportable de aquel país, en medio de apagones tan interminables como el hambre.

Para los poetas, cualquier época es buena para suicidarse, pero en aquellos días entendíamos sus muertes como una señal. La proverbial muerte del canario en la mina: un aviso que nos enviaban los ejemplares más sensibles de nuestra especie de que nos adentrábamos en una zona de la Historia especialmente insalubre.

En la actualidad, cuando aparece alguna cifra de mortalidad de aquellos años es para demostrar que, gracias a la reducción dramática del consumo de grasas, disminuyó el número de muertes por infarto y enfermedades coronarias en general. Un dato interesante, sin duda, pero no sirve para explicar por qué en el mayor cementerio de la capital del país los entierros se duplicaron en apenas tres años. Esa, la única cifra fiable a la que tuve acceso en esos años, da alguna idea de la dimensión de la catástrofe.

La única cifra oficial fiable es la de los que no nacieron. Teníamos la sensación de que nadie quería reproducirse, ya fuera porque lo considerara un error fatal o una crueldad. No solo por la falta de comida para alimentar una boca más. O por lo injusto que sería traer a un ser humano a vivir en Aquello. Un niño era una trampa. Un niño te ataba a una isla de la que si alguna vez te dejaban salir, sería a solas. Traer un niño al mundo era proporcionar un rehén con el que te podrían chantajear a perpetuidad. Pero la sensación de que los cubanos nos negamos a reproducirnos en esos años es básicamente falsa. En 1993, el peor año de todos, nacieron en la isla 152.238 niños. Cierto es que eran treinta y cinco mil menos de los que habían nacido en 1988. Pero ni siquiera en esos días la tasa de natalidad fue más pobre que en 1996, cuando nacieron cuarenta y siete mil niños menos que en 1988 y la tasa cayó de 18,1 a 12,8 niños nacidos por cada mil habitantes. Aun así, ciento cuarenta mil nuevos niños son muchos si se los compara con la extendida convicción de que nacer allí era *una tragedia innombrable*.

Tengo un número más: uno. Esa fue la cantidad de ojos que se le hundieron a Cleo durante el Hambre. El ojo derecho. Un hundimiento ligero, pero perceptible. Se nota incluso en las escasas fotos que conservamos. No sería la primera persona a la que le cambiaba un rasgo de su fisonomía. Cuando acudimos al médico, todo lo que nos pudo decir fue que el hundimiento se debía a falta de grasa ocular. Yo sabía que a los médicos se les tenía prohibido atribuir al Hambre cualquier síntoma que detectaran. Igual que se les prohibió recetar medicinas que no estuvieran disponibles en las farmacias del país. Poco importaba si el medicamento necesario podía conseguirse a través de un pariente o amigo en el extranjero. Era preferible recetar medicamentos inadecuados a reconocer que no se tenían los que hacían falta. Cualquier cosa antes de poner en entredicho la imagen del sistema cubano de salud. Poco importaban unas cuantas bajas físicas si luego las estadísticas y el cementerio podían disimularlas. Si de algo había que proteger a la nación era de que supiera que el Estado no estaba en condiciones de cuidarla.

Buscamos ayuda hasta en un babalao amigo de la familia. José, un señor muy viejo y arrugado que asumía su trabajo de adivino sin aspavientos, como una suerte de deber público. Sus consultas las cobraba por un precio simbólico, literalmente. Tres pesos con quince centavos. Tres billetes de a peso y tres monedas de cinco centavos. Acudimos a él por desesperación, pero también por curiosidad: en toda nuestra vida en Cuba nunca habíamos consultado a un babalao. José atendió a Cleo y le recetó el agua que se acumula en las hojas del curujey. Fuimos hasta el bosque más cercano a buscar la dichosa planta para que Cleo se tomara el agua, pero no obtuvimos ningún resultado apreciable. O sí. Porque ese remedio lo tomó en los días previos a la salida de Cuba, y una semana después de nuestra llegada a España ya el ojo de Cleo había vuelto al sitio de costumbre. Pero nosotros, materialistas empedernidos, atribuimos la cura al cambio operado en nuestra dieta al llegar a Madrid. Bien pudimos achacar la recuperación del ojo derecho de Cleo a la acción retardada de la *Tillandsia recurvata*, esa epífita que echa raíces en el corazón de la espiritualidad nacional.

¿Cómo se puede
aguantar tanto?

Esa pregunta me persigue en cada línea de este libro. Incluso siendo consciente de los muchos que aceptaron aquella ignominia desmedida mansamente, tanta docilidad sigue resultando un misterio para mí. Busco una respuesta distinta a la obvia, la que explicaría nuestro inmovilismo como sobrehumana exhibición de cobardía colectiva. Porque la cobardía no basta para explicarnos. Toda la humanidad es más o menos cobarde, y, sin embargo, vive convencida de que estallará con mucho menos de lo que soportamos nosotros durante el Hambre. Será necesario referirse a las circunstancias de la Cuba de de la década de 1990. Las de un sistema represivo que contaba con un mecanismo de vigilancia multitudinario y ubicuo. Ese mecanismo, además de disponer de la policía y el ejército, se servía del Partido Comunista, con su estructura que se extendía por cada centro laboral. Y con su hermana menor, la Unión de Jóvenes Comunistas, que controlaba cada centro de enseñanza media y superior. Tampoco deben olvidarse los Comités de Defensa de la Revolución, que organizaban a los soplones cuadra a cuadra, barrio por barrio, por todo el país. Tirando de los hilos de esa tupidísima madeja de chivatería estaba la Seguridad del Estado, dándole forma a nuestro mundo.

A partir del instante en que alguno de nosotros rebasaba la línea que conformaba y contenía los límites de lo permitido, aparecían ellos, dispuestos a corregirnos, ya fuera con una paternal llamada de atención o con una medida algo más severa. Gente pragmática, a los «segurosos» no les preocupaba nuestra pureza ideológica, la autenticidad de nuestra entrega a la causa. Prueba de ello era su disposición a reclutar a cualquiera sin importar cómo pensaba. Lo que importaba era lo que hiciera. O más bien que no hiciera nada que pudiera modificar la realidad tal y como la concebían. El título de «Seguridad del Estado» estaba, en ese mundo de eufemismos y títulos engañosos, especialmente ajustado a las funciones de la institución. Sobre todo tratándose de un Estado paranoico e inseguro que piensa que cualquier cosa puede ponerlo en peligro.

Nada hacía más temible a ese entramado de vigilancia e intimidación que el hecho de que estuviera compuesto por gente. Cientos de miles. No robots a los que en algún momento se les puede desconectar o reprogramar, sino seres cuya capacidad operacional se multiplicaba ante el temor de que un cambio de régimen les hiciera perder sus privilegios. O desatara el rencor de sus víctimas. Digo «víctima» y ya me arrepiento. Si algo le cuesta producir a un régimen como el cubano (aparte de bienes de consumo), son víctimas puras. Porque la naturaleza progresiva y cíclica de sus cacerías es tal que es rara la víctima a la que antes o después no hace cómplice. Se sirvió de la alta burguesía para derrocar a la dictadura anterior, de la burguesía media para deshacerse de la alta, de la pequeña para neutralizar a la media, de los obreros para machacar a los pequeñoburgueses, del lumpen para casi todo, y luego, de vez en cuando, emprende campaña contra los llamados antisociales. O contra los nuevos ricos que van haciendo fortuna a partir de los despojos de víctimas anteriores. Resulta muy difícil apelar a la solidaridad entre víctimas cuando todos han sido un poco verdugos.

Pero ni siquiera esta dinámica que generan la vigilancia y el abuso masivos alcanza a explicar el quietismo cubano de la década de 1990. Para entender la infinita capacidad de aguante que desarrollaron los cubanos habrá que dar una explicación mínima del *homo castrista* o, para ponerlo en palabras del Che Guevara, del Hombre Nuevo Cubano.

Los Hombres Nuevos éramos una subespecie domesticada en grado sumo: la nuestra era una mansedumbre particularmente efectiva, puesto que se asumía en nombre de la Revolución, el cambio y la rebeldía. Éramos un oxímoron que caminaba y respiraba... cuando le daban permiso. El Hombre Nuevo no protesta, solo se queja. Hasta el infinito y más allá, pero sin pasar del lamento. El Hombre Nuevo cree firmemente en las leyes de la Historia y en su irremisible cumplimiento sin que él pueda hacer nada para impedirlo. O no cree en ninguna ley, pero confía por entero en su impotencia para cambiar la realidad. O si cree en alguna ley, es en la de la gravedad: si el régimen está destinado a caer, lo hará por su propio peso, no porque simples integrantes de la masa puedan hacer algo en un sentido o en otro.

En la década de 1980, los aires de cambio llegaron desde donde menos cabía esperarlos. Desde Moscú. Las reformas las comandaba nada menos que el secretario general del Partido Comunista de la Unión Soviética, quien hacía llamados a combatir defectos que resultaban evidentes para todos, pero que nadie se atrevía a mencionar. El vocero local de aquella rebelión era una publicación soviética traducida al español: *Novedades de Moscú*. Gracias a la perestroika, la misma revista que antes se oxidaba en los estanquillos desaparecía en cuestión de minutos apenas llegaba. Como me dijo un vendedor en Camagüey: «¿*Novedades de Moscú*? No tengo ni *Novedades de Moscú* ni *Novedades de Sibanicú*. Antes solo lo compraban los revolucionarios y los que lo usaban para limpiarse el culo. Ahora lo compran los revolucionarios, los contrarrevolucionarios y los que lo siguen usando para limpiarse el culo».

O sea, todo el país.

Por primera vez leíamos libremente artículos sobre los crímenes de Stalin, el inmovilismo de Brézhnev, los libros y filmes prohibidos. O sobre los escritores fusilados o empujados al suicidio. Empezamos a buscar desesperadamente libros cuya existencia ignorábamos hasta entonces, a hacer colas interminables para ver películas soviéticas o polacas, a participar en exposiciones donde se cuestionaba todo lo que hasta entonces habíamos tenido por sagrado. En una reunión de Quientusabes en la Escuela de Periodismo, los estudiantes habían cuestionado el culto a su personalidad en su propia cara y había terminado marchándose de allí, indignado. Y en la inauguración de una exposición, un artista se había enfrentado al zar de la propaganda estatal. A gritos, decían unos. A golpes o silletazos, afirmaban los más imaginativos. Lo que sí teníamos claro era que *algo estaba pasando*.

El Estado reprimía, sí, pero casi se le podía acusar de timidez, flojera, en comparación con lo que habría hecho años atrás. Transgresiones que antes se castigaban con años de cárcel ahora se despachaban con el cierre de la exposición, el regaño a los infractores y, si acaso, el envío a trabajar a algún sitio remoto para que se lo pensaran mejor. Parecía que estábamos a punto de entrar en un mundo nuevo, el mismo hacia el que avanzaba el resto de los países de la Europa comunista. Pero posiblemente en el plural estoy incluyendo a demasiada gente. Lo más seguro es que para la mayoría del país no hubiera mucha diferencia entre esos años y los anteriores. Bastante tenían con resolver sus problemas básicos. Con divertirse lo mucho o lo poco que pudieran. Ese «nosotros», sospecho, apenas abarcaba a parte de la juventud del momento: estudiantes universitarios, artistas, intelectuales. El resto miraba y esperaba con prudencia a ver qué se traían entre manos esos que hablaban de reformas y de hacer compatibles democracia y socialismo.

Apenas empezada la siguiente década, todas aquellas esperanzas ya nos parecían parte de otra vida. Antigua, ajena. Todo eso lo entendimos cuando ya era demasiado tarde.

En Cuba la década de 1990 comenzó en junio de 1989. Fue ese el mes en que detuvieron y procesaron a un grupo de altos oficiales del Ejército y del Ministerio del Interior acusados por tráfico de droga. Se rumoreaba que había una conspiración para derrocar a Quientusabes. Asombraba la jerarquía de los acusados y que el juicio fuese transmitido durante diez días por televisión, en horario estelar. Al mes de ser detenidos, ya cuatro de los procesados estaban enterrados con el consiguiente certificado de muerte por «anemia aguda».

Los más lúcidos entre mis amigos observaron el juicio con una mezcla de desconfianza y asco. No veían ninguna diferencia entre acusados y acusadores, y sospechaban que los primeros habían actuado con el conocimiento y la autorización de Quientusabes (como en algún momento dejó entrever uno de los acusados antes de salir de escena ahogado por el llanto). Yo, que no era el más brillante de mis amigos, me las arreglé durante unas semanas para ver en aquel juicio la última oportunidad para enfrentar la corrupción que minaba el sistema. Quientusabes escenificó el viejo espectáculo de quitarse de encima colaboradores súbitamente incómodos aparentando un ritual de purificación para que lo consumiéramos como si acabara de inventarlo.

Pero mis amigos me pusieron difícil el autoengaño. Mis amigos y la realidad. Pasadas unas semanas, excepto por unos cuantos oficiales muertos o presos, todo seguía igual. O eso pensé. Algo cambió, y fue que a partir de entonces la situación ganó en claridad. Cualquier duda generada por la perestroika sobre cómo tratar a los que se salían del guion prescrito quedaba resuelta. El fusilamiento de aquellos oficiales fue la manera más económica de advertir a todos que el período de libertinaje por el que acabábamos de pasar había llegado a su fin. Que cualquier cosa que ocurriera en Europa del Este no tendría nada que ver con nosotros. Dejaban claro que, si fusilaban a un general por narcotráfico, al artista que se cagara sobre un ejemplar del periódico del Partido Comunista en una exposición lo mandarían a la cárcel sin pestañear. Lo mismo ocurriría con quienes intentaran fundar nuevos partidos. Y esas asociaciones culturales independientes que se estaban formando, disuélvanlas. Y a los cabecillas los mandan a un campo de trabajo.

Se acabaron las exposiciones de arte en la calle y cualquier trajín que pudiera confundirse con una manifestación de disidencia. Las críticas que se habían puesto de moda en las hermanas repúblicas socialistas fueron la causa de su destrucción. A partir de entonces debía quedarnos claro: la crítica solo podía venir del enemigo.

No obstante, la pregunta que encabeza este capítulo tiene un defecto de origen: asume que es natural que los seres humanos se rebelen contra la miseria extrema y la falta de derechos. En cambio, la historia de la humanidad nos informa de que las rebeliones estallan ante ciertas carencias, ciertas violaciones del orden natural de las cosas, cualquiera que este sea. Cuando la indigencia resulta lo bastante abrumadora como para aplastar el instinto de resistencia, se está a las puertas del sometimiento absoluto. De otra manera no se explicaría la existencia de la esclavitud o de los campos de exterminio. Incluso entre los desposeídos de casi todo, las rebeliones casi siempre surgían entre quienes gozaban de ciertos privilegios relativos y todavía podían permitirse el lujo de la desobediencia. Es rara la vez que el hambre haya incitado al desacato, la sublevación. Sobre todo cuando el hambre se convierte en sistema, y la supervivencia, en el objetivo esencial de los sometidos.

Hay quienes llegan más lejos. Los que afirman que el hambre es el medio. El instrumento de sometimiento, quiero decir. Los que están convencidos de que los regímenes comunistas creaban hambrunas artificiales para doblegar a los pueblos bajo su mando. Como ocurrió en Ucrania en 1932, en Etiopía en 1984 o en Corea del Norte en 1997. Todavía me cuesta trabajo aceptarlo. En parte porque la maldad absoluta y gratuita me parece más pereza de la imaginación que una realidad. En parte porque a los comunistas se les da excesivamente bien la creación de miseria, incluso sin pretenderlo, y suponerles premeditación en ello me parece innecesario. Sí creo que conocían los efectos de la escasez para, una vez que estallaba la crisis, usarlos en su favor. Eso explicaría tanto su rechazo instintivo a la prosperidad ajena como los estrafalarios planes de supervivencia que diseñaban para sus sometidos.

Ante tal panorama, si algo hacía que mereciera la pena arriesgarse, si algo podía cambiar al menos el destino individual, era escapar de allí, un propósito al que se han consagrado generaciones de cubanos cuando todavía están en edad de soñar, de ejercer su esperanza.

El remolcador

En la mañana del 13 de julio de 1994 la radio cubana anunciaba con una celeridad rarísima cuando de noticias importantes se trataba: «Zozobró embarcación robada por elementos antisociales. En la madrugada de hoy, elementos antisociales sustrajeron por la fuerza una embarcación del puerto de La Habana con el fin de abandonar ilegalmente el país». En los días siguientes la propaganda oficial insistió en los términos «robo», «antisociales», «naufragio». Una semana después del hundimiento del remolcador Trece de Marzo presentaron a uno de los supervivientes en televisión declarando que el hundimiento había sido accidental. Que los únicos culpables del naufragio en el que murieron hijos suyos eran él y los que lo acompañaron en la fuga al usar una embarcación demasiado vieja para resistir la navegación en alta mar.

Ya para entonces la radio de Miami llevaba días difundiendo declaraciones de supervivientes que se habían comunicado por teléfono desde La Habana. De las setenta y dos personas que viajaban en el Trece de Marzo, se habían ahogado treinta y siete, diez de las cuales eran niños de entre seis meses y doce años de edad. Los organizadores de la fuga eran trabajadores del puerto: gente que sabía navegar y que en los meses previos se ocupó de reparar y poner a punto la embarcación. Por la radio «enemiga» también supimos que el remolcador fue hundido intencionalmente por cuatro naves que lo esperaron a la salida de la bahía. Que embistieron al Trece de Marzo y le lanzaron chorros de agua para hundirlo. Que en un último intento por frenar el ataque, una madre salió a cubierta mostrando su niño a los atacantes, pero el chorro de uno de los cañones de agua se lo arrebató de las manos.

En Cuba el más amplio recuento del hundimiento del Trece de Marzo lo hizo Fidel Castro en persona. Ya el escándalo se había extendido lo suficiente como para que las versiones de los amanuenses de turno no bastaran. En la versión de Quientusabes —como puede comprobarse en la correspondiente edición del *Granma*—, un grupo de obreros del puerto, en su afán por recuperar su instrumento de trabajo —el remolcador—, chocan accidentalmente con la embarcación cargada de antisociales y la hunden. No menciona que en el Trece de Marzo viajaban niños. Ni siquiera habla de los chorros de agua, a los que se aludía en una versión oficial anterior, y justifica las acciones de los responsables directos del hundimiento diciendo que «El comportamiento de los obreros fue ejemplar porque trataron de que no les robaran su barco». Quientusabes descarta cualquier posibilidad de enjuiciarlos por la muerte de casi cuatro decenas de personas preguntándose retóricamente: «¿Qué les vamos a decir ahora? ¿Que dejen que les roben los barcos, sus medios de trabajo? ¿Qué vamos a hacer con esos trabajadores que no querían que les robaran su barco, que hicieron un esfuerzo verdaderamente patriótico, pudiéramos decir, para que no les robaran el barco? ¿Qué les vamos a decir?».

Fidel Castro podría haberse desentendido de los que hundieron el remolcador, haber cuestionado su decisión de perseguirlo. Podría incluso haber simulado un juicio y un castigo. Pero con ello habría anulado el objetivo principal del hundimiento del remolcador: advertirles a todos los cubanos lo que les esperaba si insistían en escaparse de la isla.

La versión de Fidel Castro terminaba confirmando indirectamente la de la radio de Miami. Quien conozca la mecánica de Aquello sabe lo impensable que resulta que un grupo de trabajadores tengan la iniciativa de tomar cuatro barcos del Estado para perseguir a otro en fuga. De ser sorprendidos durante el asedio al barco prófugo, la mayor preocupación de los perseguidores consistiría en demostrar que no intentaban escapar junto con los fugitivos.

Los detalles de las diferentes versiones, oficiales o no, sugieren que todo sucedió más o menos así: alertadas de que un grupo considerable planeaba escapar de la isla usando un remolcador del puerto de La Habana, las autoridades deciden poner en marcha su propio plan. No se trata de sorprender a las setenta y dos personas mientras abordan la embarcación. Ni luego, mientras salen de la bahía. El plan será hundirlos en alta mar con discreción suficiente para que parezca un accidente, aunque no tanta como para que el resto de los cubanos no capte la advertencia: a partir de entonces no habrá contemplaciones con nadie, ni siquiera ante mujeres o niños. Pero para llevar a cabo el plan no usarían a las tropas guardacostas, la opción más lógica, sino a los trabajadores del puerto. Para que parezca una iniciativa de la clase obrera en defensa de sus intereses.

Suena increíble, por supuesto, pero Quientusabes tenía especial debilidad por que sus actos represivos parecieran iniciativa espontánea del pueblo. Ese mismo pueblo al que había privado de toda capacidad para tomar decisiones propias. Una táctica vieja y repetida. Como al crear las llamadas Brigadas de Respuesta Rápida, supuesta organización popular dedicada a reprimir a la oposición. O al usar un contingente de obreros de la construcción en labores represivas cuando en realidad se trataba en muchos casos de policías secretos disfrazados de constructores que repartían golpes en nombre del pueblo. Un recurso que puede parecer ridículo, pero que, para quien tenga suficientes ganas de creérselo, funciona.

Quienquiera que organizara la operación (y una de esa envergadura solo podía tener un nombre) debió apostar los barcos en las afueras de la bahía. Hacer que todo ocurriera en alta mar, sin testigos ni supervivientes. Eso explicaría que no se detuvieran cuando las mujeres mostraron a sus niños. O que no les bastara con embestir el barco o dispararle con cañones de agua y que, una vez hundido el remolcador, los barcos atacantes dieran vueltas alrededor de los supervivientes para que terminaran de de ahogarse. De acuerdo con estos, solo fueron rescatados cuando un barco mercante griego se aproximó al lugar del hundimiento y los obligó a cambiar de plan.

Un crimen perfecto si tu idea de la perfección incluye la muerte de casi cuarenta personas, incluidos diez niños.

Pequeñas maniobras

Aceptar que el régimen bajo el que has vivido toda tu vida es esencialmente malvado no es una decisión fácil. Peor aún si no puedes hacer nada al respecto. Todo empieza a saberte irremediablemente mal. Hasta el clima o la naturaleza se te antojan atributos inequívocos del demonio y no quieres ser parte de ello. Pero cualquier gesto de resistencia se vuelve insensato si a la vez has llegado a descreer profundamente de las virtudes del heroísmo. Porque ese es el dilema que plantea toda tiranía: sumisión o resistencia. Una disyuntiva que el régimen que nos tocó en suerte había anulado al convertir el heroísmo en una variante del servilismo.

«Yo imitaba a los héroes con la vieja confianza que da la mansedumbre, con su oscura prudencia», había dicho el poeta Emilio García Montiel, para referirse a esa extraña educación sentimental en que Aquello nos instruía desde niños. Los únicos héroes posibles eran los que alguna vez habían luchado directa o indirectamente por la instauración de Aquello. Desde los primeros taínos que se habían enfrentado a los conquistadores hasta los próceres de la independencia no habían hecho otra cosa que preparar el camino hacia Aquello. Ahora veías Aquello como una delicadísima trampa en la que todo intento por oponértele frontalmente equivalía a terminar imitando a los mismos que despreciabas. Si Aquello encarnaba la más perfecta representación del Mal, debíamos concentrar nuestros esfuerzos en llevarle la contraria en todo. De eso dependía nuestra salvación. Si la concepción vital de Aquello consistía en posponer constantemente la vida real por una futura, renunciar al presente por un porvenir luminoso, sacrificar tu existencia a la causa, entonces consagrar tu vida a oponerte a Aquello equivaldría a entrar en su juego, terminar imitándolos. Eso pensábamos.

No descarto que lo anterior no fuera más que una sofisticada excusa de mi cobardía esencial, pero no alcanzaba a ser una disculpa para someterme. En otro de sus poemas, el mismo García Montiel se preguntaba: «¿A qué Dios suplicarle no ser ni héroes ni traidores?». Porque, luego de haber vivido toda la vida en la fe de la Revolución, ahora yo intentaba asumir un nuevo culto: el del puntilloso rechazo de cualquier fe.

Por supuesto que no lo enunciábamos así. Eso sería incurrir en el mismo exceso de énfasis que definía el estilo de Aquello. Tratábamos de parecer lo más despreocupados y relajados posible, pero evitando colaborar con Aquello más de lo necesario. Porque estaba claro que vivir allí era colaborar de alguna forma con Aquello. Trabajábamos para Aquello, consumíamos la comida que Aquello nos vendía, la cocinábamos con el gas que malamente nos suministraba Aquello, nos iluminábamos con su electricidad, viajábamos en su transporte, nos entreteníamos en sus cines y teatros, y nos curábamos en sus hospitales.

Pues bien, fuera de eso no queríamos tener nada que ver con Aquello.

El uso del plural podría parecer un modo de encubrir mi propia enajenación, pero no lo creo. Dentro de la tribu de mis amigos, aquella cauta resistencia a contaminarse con Aquello era bastante común. Nos regíamos por un código que, sin haber sido enunciado, se hacía transparente cada vez que lo violábamos.

Estaba el asunto de la caldosa de los CDR. Los Comités de Defensa de la Revolución habían sido una de las herramientas más eficaces para el control social que Aquello creara en su infinita sabiduría. Sin duda, el más ubicuo. «En cada cuadra un comité», rezaba su himno. Y cada CDR conllevaba sistemáticas cuotas de reuniones, trabajos voluntarios, guardias nocturnas y demás exacciones de tu tiempo y esfuerzo, que eran la manera mínima de confirmar tu lealtad hacia Aquello. O al menos tu interés en no destacarte por tu rechazo. Pero los CDR llegaron a la década de 1990 muy desmejorados. Les costaba trabajo aparentar que seguían funcionando. Apenas conseguían movilizar a un grupo de viejos para que acudieran a sus reuniones, ya fuera como acto de fe o para asegurarse el poder que mantenían sobre el resto de los vecinos.

En esas circunstancias era difícil distinguir la desidia generalizada de cualquier rechazo a Aquello. El único momento en que el presidente del CDR y sus acólitos conseguían movilizar al barrio era el 28 de septiembre, aniversario de su creación. Esa noche preparaban la famosa caldosa cederista, un mejunje que imitaba al ajiaco de toda la vida, pero con menos ingredientes. Los vecinos acudían con algún tipo de cacharro en la mano hasta el caldero enorme donde se cocía la caldosa para asegurarse un poco de aquel brebaje. Lo que intentaba ser una fiesta se convertía en comida de beneficencia para los menesterosos locales, que éramos todos. Después de haberme mudado a casa de Cleo, la primera vez que hicieron la caldosa, al otro lado de la calle, aparecí con un jarro enorme. El que repartía la caldosa me miró con extrañeza. Una mirada que decía más o menos: «¿Tú, el que vives allá enfrente desde hace meses y ni te has inscrito en los CDR ni mucho menos has participado en las guardias, las reuniones o los trabajos voluntarios, vienes a buscar una porción de nuestra sacrosanta caldosa?».

No obstante, de sus labios no salió una palabra. De los míos tampoco. Me limité a extender el jarro para que me lo llenara. Como si dijera: «Pues sí, no he hecho nada por el CDR ni lo pienso hacer, pero eso no impide que con mi cara de hormigón armado venga a buscar mi porción de caldosa. Y apúrate, que no vine a pasar la noche contigo».

La elocuencia de los diálogos imaginarios.

Quien sí habló fue Cleo cuando me vio regresar. Me regañó a conciencia. ¿Acaso no afirmábamos que no queríamos tener nada que ver con los CDR? Pues no teníamos por qué ir a buscar su comida.

Le di la razón. En lo que respecta a la ética, la autoridad de Cleo está fuera de discusión. Nunca más aparecí con un jarro a recoger la caldosa del CDR.

Otra vez fui yo el que tuve que ejercer de tribunal del código ético de resistencia a Aquello. Sin siquiera proponérmelo. Un sábado por la noche, precisamente en vísperas de otro aniversario de los CDR, apareció en televisión el videoclip de una vieja canción dedicada a enaltecerlos. Tuve que reconocer que el nivel de chapucería del video era bastante menor de lo habitual. Si la música se cambiara por otra que chirriara menos en nuestros oídos, la sucesión de imágenes podía considerarse incluso atractiva. Pero lo peor fue que en los créditos anunciaran que el director era Omar, un viejo amigo nuestro. El mismo que había filmado la exposición Tarequex en una cinta que nunca llegamos a ver.

Cleo y yo nos miramos: ¿qué necesidad había de ensalzar a los CDR, esa cosa abyecta?

Al lunes siguiente, al poco de llegar a mi oficina en el cementerio, apareció Omar. Cabizbajo. Me preguntó si había visto el videoclip la noche del sábado. Apenas le respondí empezó a disculparse, a explicar que si lo había hecho era para tener la oportunidad de dirigir un programa donde promovería a nuevos artistas, incluidos varios amigos comunes. Le respondí como supuse que haría un tipo mesurado y maduro. Si él pensaba que valía la pena hacer esa concesión a cambio de un bien mayor, no tenía nada que objetarle. Pero —y no recuerdo si se lo dije o si solo lo pensé, porque es lo que suelo concluir en esos casos— en los negocios con el diablo uno siempre lleva las de perder. No solo porque el diablo es más poderoso o más listo, sino porque tiene todo el tiempo del mundo a su disposición.

Yo, como todo recién converso, me tomaba lo de los tratos con el diablo muy en serio. Exceptuando las obligaciones irremediables, no estaba dispuesto a ceder un milímetro más. Por ejemplo, iba cada día a trabajar al cementerio, pero cuando el administrador me pidió frases para coronar unos monumentos que proyectaban hacer en honor a los caídos en las revoluciones del país, les propuse unas citas tan ridículas que desistieron de pedirme esa o cualquier otra colaboración.

Mi regla no escrita era no participar en nada que dependiera de mi voluntad: ni en manifestaciones, ni en desfiles ni en trabajos «voluntarios». Nada. Algo que en aquella época de cobardías programadas no me parecía poco.

Pero no bastaba —y lo sabíamos— con negarse a colaborar. Había que dejarle claro al diablo que lo nuestro no era mera desidia. Que aunque la cobardía nos impidiera lanzarnos a la calle a gritar nuestro descontento durante los diez o quince segundos que tardarían en llevarnos presos, no íbamos a quedarnos completamente callados. Nuestra estrategia era la de una guerra de guerrillas irónica, de calculadísimos riesgos, aunque en un sistema tan paranoico no había cálculo más inexacto que el del riesgo.

De ahí aquellas exposiciones que parecían no decir nada y en las que el público entendía todo. Y más. El público y la Seguridad del Estado, que era todavía más sensible que el público y prohibía cualquier cosa a la que empezara a encontrarle sentido. Supongo que la Seguridad tendría su propia versión de la teoría de los cristales rotos, esa que insiste en que la mera relajación de las normas urbanas alienta el crimen. No creo que vieran en nuestras timidísimas burlas el detonante de una revuelta nacional, pero actuaban como si lo pensaran y todo el tiempo nos recordaban que estaban al acecho, dispuestos a saltar sobre nosotros cuando fuera necesario.

Como recelábamos de las virtudes del heroísmo, nuestros mayores atrevimientos estuvieron marcados por la ironía y el sarcasmo. Leer textos secretamente subversivos en cualquier peña a la que me invitaran aplacaba, en parte, mi conciencia. En 1993, ante la falta de papel para publicar nuestros textos, inauguramos en la antigua Quinta de los Molinos una peña titulada «Esperando por Gutenberg». Un sábado al mes nos reuníamos Eduardo del Llano, Pedro Lorenzo y yo a leer nuestros cuentos ante un promedio de quince o veinte espectadores. Nuestros oyentes nunca pasaron de treinta y, alguna vez, puede que ni llegaran a cinco. Es que —a pesar de lo reacios que éramos al heroísmo— era heroico el mero hecho de acercarse hasta la Quinta de los Molinos el primer sábado de cada mes desde cualquiera de los confines de la ciudad para escuchar un manojo de cuentos. Mi cuento estrella era uno dedicado a los grafitis políticos que proliferaban por la ciudad. Un cuento en el que me daba el gusto de decir unas cuantas veces: «¡Abajo el presidente!». Cuando en uno de los letreros se preguntaba «¿Cuál presidente? ¿El del consejo de vecinos?», le respondían: «No, el otro, el hijo de puta».

El placer que puede dar esa tontería solo lo puede entender quien haya vivido bajo una dieta de libertad tan estricta como la nuestra.

El placer de creerte libre por unos minutos y de compartir esa creencia con los que te rodean. Pero, del mismo modo que la ley de gravedad les recuerda a las gallinas el alcance de su vuelo, al rato algo nos recordaba nuestras circunstancias. Como cuando aquel coronel, arrastrado por su hija a una de aquellas peñas a las que me invitaban, se levantó y, luego de intentar unos insultos y darse cuenta que estaba en minoría absoluta, se fue indignado. O cuando aparecieron un par de agentes de la seguridad en «Esperando por Gutenberg». Tuvieron la cortesía de anunciarse, pero no explicaron qué hacían allí. Supuse que habrían recibido una denuncia. Yo solía leer el cuento de los grafitis al final y no quise cambiar el orden. Si nos llevaban presos, prefería que fuera al final y no estorbaran el resto de la lectura. Pero, antes que llegara mi turno de leer el cuento, ya los agentes se habían ido y me quedé sin conocer su reacción.

No obstante, nuestra comedida audacia, nuestra guapería de baja intensidad, no se limitaba a las exposiciones o las lecturas. Era toda una actitud ante la vida. Desde reírnos estruendosamente cada vez que en el cine aparecía una escena que pudiera tomarse como una alusión a nuestras circunstancias hasta burlarnos de Aquello de manera escandalosa en sitios públicos. Supongo que lo hacíamos para sacudirnos un poco el miedo que llevábamos encima y demostrar que ser tímidamente osado no era imposible. O para que los partidarios de Aquello sintieran la misma impotencia que nosotros cuando teníamos que soportar la propaganda oficial.

Una vez viajaba en un autobús con mi hermano y nos pusimos a imaginar cómo afectarían al ejército las nuevas medidas de austeridad. ¿Usarían cerbatanas en lugar de fusiles? ¿Tanques movidos con pedales? Tonterías de ese calibre. Hasta que una señora no pudo más y comenzó a gritarnos. Fue un error de cálculo: pensó que tendría el respaldo inmediato del resto de los pasajeros. Sin embargo, lejos de apoyarla, le dijeron que nos dejara tranquilos, que si no veía que estábamos bromeando. Fue uno de los pocos momentos en que me sentí menos solo que de costumbre.

Pero no fue el único.

Una tarde Cleo pasó saludar a su amiga Vivian. Yo esperaba al otro lado de la calle en mi bicicleta, a que terminaran de despedirse. La despedida iba alargándose y le grité: «¡Cleo, termina, que tengo hambre!». Fue entonces cuando, dejándome llevar por lo bien que representaba la frase nuestra situación en general, repetí: «¡Que tengo hambre!», para continuar con el cántico de «¡Hambre! ¡Hambre! ¡Hambre! ¡Hambre!». Y, como si de una súbita comunión de estómagos vacíos se tratara, de las casas y los balcones, los vecinos empezaron a secundar mis gritos de: «¡Hambre ¡Hambre! ¡Hambre!». Y nada, lo dejé ahí porque tampoco era para creerse que aquel coro casual pudiera ser el principio de una revuelta. Ni tenía idea de cuál era el siguiente paso. Con la instantánea sensación de libertad, bastaba.

Así andábamos por La Habana con nuestro aspecto destartalado y silvestre, que invitaba a los policías a detenernos a cada rato. A arrestarnos cuando se cansaban de escuchar nuestras bromas. Como si se tratara de pesca deportiva, nos devolvían a la calle, a que siguiéramos derrochando nuestro ingenio, nuestra rabia y nuestro miedo. A soñar con el momento en que todo el país entraría en mágica sintonía y acabaría con Aquello. Mientras tanto, preparábamos las condiciones para que eso ocurriera. Al menos era lo que queríamos creer, aunque, como dijo Augusto Monterroso, nuestros llamados a la revolución eran tan sutiles que nuestra audiencia terminaba volviéndose reaccionaria.

Nuestro principal defecto —y aquí no estoy seguro de estar hablando por mi generación, por mis amigos o solo por mí— era lo que defendíamos como nuestra mayor virtud: no nos tomábamos en serio. No pretendíamos salvar otra cosa que a nosotros mismos. O ni siquiera eso. Nos conformábamos con intentar salvar el almita inmortal que nos había tocado por la cartilla de racionamiento del modo menos enfático posible. Eso era: no plegarnos a la imbecilidad resignada que trataban de imponernos, y al mismo tiempo demostrar que seguía habiendo vida inteligente en nuestros cuerpos desiertos de calorías. Ya bastante humillación era saber que no podríamos hacer nada por cambiar nuestra situación, pero no estábamos dispuestos a aplaudirla o dar mayores muestras de sometimiento.

Este era un ejercicio que tenía fecha de caducidad porque, de seguir practicándolo el resto de la vida, corríamos el riesgo de que ese heroísmo de bolsillo terminara convirtiéndose en parte del paisaje. El tipo de detalles que Aquello mostraría a los visitantes para convencerlos de que aquel era un país como cualquier otro, donde había espacio hasta para la queja.

Maleconazo

Si el hundimiento del remolcador Trece de Marzo pretendía disuadir a los cubanos de robarse lanchas, además de crimen contra la humanidad puede considerarse un absoluto fracaso comunicativo. Apenas trece días después de la masacre, un grupo de personas desvió la famosa lanchita de Regla hacia los Estados Unidos. La lanchita de Regla era el medio de transporte principal entre La Habana y el pueblo situado al otro lado de la bahía, y la variante más elemental y barata de turismo al alcance de los habaneros: atravesar aquellas aguas negras, gelatinosas, dar una vuelta por un pueblo polvoriento y desvencijado y luego volver a cruzar la bahía sulfurosa. Si estabas enamorado, podía parecer hasta romántico.

No debió ser tarea fácil robarse la lancha. La vigilaban y revisaban a los pasajeros escrupulosamente antes de abordar. Además, se le abastecía el combustible a poquitos, previendo que, si la vigilancia fallaba, el barquito no pudiera alejarse demasiado.

Se decía que los secuestradores de la lancha encubrieron su plan con los preparativos de una boda. En el pastel escondieron las armas y en botellas de cerveza, el combustible extra. No sé si se prepararían con mucha antelación o si decidieron aprovechar el escándalo que provocó el hundimiento del remolcador para escapar ilesos. Tuvieron suerte. A treinta y seis millas de La Habana los recogió un guardacostas norteamericano.

Esa noche, Quientusabes no pronunció su habitual discurso, ese con el que conmemoraba su irrupción en la historia nacional asaltando un cuartel del ejército. No creo que fuera coincidencia. Con Quientusabes nada lo era.

El éxito de la fuga fue asumido por la gente como señal de que, de momento, el Gobierno se abstendría de matar a quien tratara de escaparse. El 4 de agosto volvieron a secuestrar la lanchita de Regla. Esta vez hubo un muerto, un oficial de la Policía que intentó impedir el secuestro. La embarcación estuvo a la deriva por casi dos días hasta que finalmente se rindió a los guardacostas cubanos.

El 5 de agosto cientos de personas empezaron a reunirse en el paseo que se encuentra a la salida de la bahía. Con mochilas, comida y agua. Esperando que volvieran a secuestrar algún barco y, mágicamente, conseguir montarse en él. Que un milagro les cambiara la vida. Pero lo que apareció fue el Contingente Blas Roca. En la forma, no en el contenido. Se suponía que eran constructores destinados a proyectos estratégicos del Gobierno. Los noticieros no hablaban de otra cosa. Pero entre los que se desplegaron para rodear a la gente reunida en la avenida del Puerto y el malecón había de todo: agentes del Ministerio de

Interior, miembros de la selección nacional de karate y la de taekwondo. Les habían repartido camisetas del Contingente Blas Roca para que se viera cómo la clase obrera se encargaba de manejar la situación.

No estuve ahí, pero varios amigos me contaron cómo los tipos con camisetas del Contingente empezaron a repartir golpes donde el paseo del Prado se encuentra con la avenida del Puerto. Les creo. La gente estaba demasiado enfocada en escapar como para buscar pendencia con el primero que se apareciera. Increíble fue lo que ocurrió a partir de entonces. Los que esperaban el primer objeto flotante que los sacara de aquella isla se volvieron contra los policías y karatecas disfrazados de constructores y los desbordaron. De repente descubrieron que la ciudad, o al menos la porción que tenían ante sí, estaba a su merced. Unos se entregaron al saqueo de las tiendas en dólares, pero los más, como no había tiendas suficientes que saquear, simplemente se dedicaron a recorrer las calles como si fueran suyas, gritando las dos frases que más miedo les había dado articular durante toda la vida: «¡Abajo Fidel!»; «¡Libertad!».

De momento debió bastarles. En las imágenes que existen de ese día se ve gente famélica inundando las calles. En su mayoría hombres sin camisa, empujando sus bicicletas, indignados con la represión y asombrados con el poder que acaban de adquirir. Dando órdenes al periodista extranjero que sostiene la cámara: «¡Filma ahí, cojones!». Pasando de la rabia y el estupor a la alegría y la euforia. No como si creyeran vivir un momento único en la historia de la nación, pero sí con la comprensión instantánea de que lo que sienten en ese momento no lo han sentido nunca antes.

Ya fuera porque el ataque de los supuestos constructores se concibió como una provocación para reprimir a la multitud reunida en la avenida del Puerto o porque se trataba de un plan de contingencia listo para entrar en acción a la mínima señal de revuelta, de inmediato columnas de camiones y *jeeps* militares avanzaron hacia el centro de la ciudad. Los objetivos más obvios eran dos: contener a los manifestantes y evitar que el resto de la capital se contagiara con aquel estallido de rebeldía. Una vez creado un bolsón de seguridad, desembarcó allí Quientusabes en su sempiterno uniforme de campaña, rodeado por decenas de guardaespaldas que lo vitoreaban como si su aparición bastara para resolverlo todo mágicamente. Algo de eso hubo. Muchos de los que minutos atrás andaban entonando cánticos en su contra, al verse rodeados por las hordas de constructores-karatecas-policías, pasaron del «¡Abajo Fidel!» al «¡Fidel, Fidel, Fidel!» sin otro trámite que saltarse el «abajo».

Eso fue lo único que vio el resto del país al asomarse a la televisión: el Comandante de barba, gorra y uniforme avanzando por un mar de pueblo uniformado y de acólitos disfrazados de pueblo. Eso fue lo que vi en televisión desde otra esquina de la ciudad, en mi primer día de vacaciones. Un día distendido que dediqué a bañarme en la playa, jugar fútbol y asistir a un concierto. Ya de noche, al pasar por la sala de mi casa camino del concierto, vi su guerrera verde flotando en el mar de secuaces y pensé que cualquier amago de rebelión que hubiera estallado en Centro Habana había llegado a su fin. De otra manera, Quientusabes no se atrevería a caminar por aquellas calles. Lo mismo debió pensar el resto de los cubanos de la isla. Ese era el propósito de aquel reportaje: asegurarse de que no nos hiciéramos la más mínima ilusión sobre los rumores que ya circulaban por el resto de la ciudad y del país.

Camagüey

Según los amigos que estuvieron en Centro Habana el 5 de agosto, las revueltas duraron mucho más de lo que sugería la televisión. Ante la llegada de los refuerzos que debían proteger el desfile triunfal de Quientusabes, los amotinados se replegaron a otras zonas para seguir tirando piedras, dando gritos, subidos a la inercia de la libertad. El resto del país, uncido a la otra inercia, la de la supervivencia, trataba de encontrar una normalidad imposible en medio del Hambre.

Un mes atrás había sacado pasaje para Cleo y para mí con destino a Camagüey, tierra de mi padre y de todos los Del Risco de la isla. Me invitaban a ofrecer una lectura de mis cuentos allá y, a cambio, me proveerían de alojamiento y comida. Un pequeño detalle, sin embargo, echó a perder mis cuidadosos planes. Los boletos de tren, aunque auténticos, estaban escritos a mano. Era fácil confundir la hora con el número del tren y eso hice: lo fácil. Creer que me iría en el coche 5 a las ocho cuando era lo contrario. Llegamos a la estación a las ocho de la noche para encontrar las puertas cerradas y la noticia de que no saldrían más trenes hasta el día siguiente.

El dinero no era el problema. Andábamos con cientos de pesos cubanos y unos diez dólares americanos, que equivalían a seis meses de mi sueldo. El dólar ya se cotizaba a ciento cuarenta pesos cubanos y amenazaba con seguir aumentando de valor. Esa noche recorrimos todos los sitios que se nos ocurrieron, pero en ninguno pudimos conseguir pasajes para el día siguiente. A ningún precio. Terminamos pagando diez veces el precio del pasaje por el turno en la cola que nos permitió comprar dos boletos hasta Santa Clara, la mitad del camino. Pasamos la noche en un parque. A la mañana siguiente, al preguntar en la estación cómo podríamos ir desde Santa Clara hasta Camagüey, un conductor se ofreció a ayudarnos: a las cinco de la tarde él pasaría por Santa Clara. Solo tendríamos que subir al tren y preguntar por él, que a su vez nos tendría separados un par de asientos. Pensando que ya habíamos resuelto el asunto, tomamos el tren hacia Santa Clara y, una vez allí, fuimos a visitar a un amigo que vivía cerca de la terminal.

A las cinco estábamos en la terminal y, en efecto, al poco rato llegó el tren en dirección a Camagüey. Y, sin embargo, al preguntar por el conductor, nadie supo decirnos nada. Así hasta que en el último vagón una conductora nos dijo: «A ese lo bajaron en Matanzas y lo montaron en un tren de piedra».

Así, con lo definitivo que sonaba. No era una situación promisoria. Quiero decir que a los que sorprendían en el tren sin boletos los bajaban a golpes. Eso hicieron con una pareja que subió al mismo tiempo que nosotros. Pero tuvimos suerte. Justo en el último vagón encontré a un amigo que se ofreció a quedarse con nuestros maletines. Gracias a eso, Cleo y yo hicimos el viaje en la parte trasera del último vagón como si acabáramos de conocernos y no pensáramos en hacer otra cosa que hablar y besarnos. Si algo todavía se respetaba en medio de Aquello era el romance ajeno.

Llegamos a Camagüey a medianoche, después de más de treinta horas vagando fuera de casa y de cuarenta sin dormir. Todo para enterarnos de que habían suspendido la lectura y, por consiguiente, las reservaciones de hotel. Me habían enviado un telegrama avisándomelo. Telegrama que nunca me llegó. Todo eso nos lo contó la madre de nuestro anfitrión cuando llegamos a su apartamento, en las afueras de la ciudad, ya de madrugada. Eso y que su hijo estaba en casa de la novia con el brazo fracturado. A continuación, la pobre mujer se atrevió a preguntarnos si queríamos quedarnos a dormir allí. No creo que le dejáramos terminar la pregunta: apenas nos mostró la cama caímos de cabeza en ella.

Doce horas más tarde nos despertamos para descubrir que el almuerzo que nos tenía preparado la señora era un arroz con hierbas como las que podían encontrarse en cualquier jardín. Hierbas con un lejano sabor a cebollas. Estoy seguro de que no tenía nada mejor que ofrecernos. Comimos aquello con la convicción de que no nos podríamos quedar allí ni en ninguna otra casa de la ciudad. Aunque Camagüey estaba lleno de parientes míos, sería un crimen alojarnos con gente que no tenía ni para alimentarse a sí misma.

El recorrido que dimos a continuación por las casas de mis familiares confirmó las sospechas. En La Habana nadábamos en la abundancia en comparación con Camagüey. El azúcar que allá dábamos por descontado allí llevaba seis meses en la clandestinidad. El aceite de cocinar era una remota referencia literaria. Mis parientes camagüeyanos, seres orgullosos y atildados, ahora llevaban harapos tan lamentables como la piel que les colgaba de los brazos. Con voces mansas trataban de mantener conversaciones normales, pero a cada instante recaían en la miseria que los acosaba. Había algunos alegres, como era el caso de mi prima Cecilia y su esposo, aunque se debía más al alcohol casero con que desayunaban que al hecho de recibir visita de La Habana. El más desesperado de los casos era Gladys, prima hermana de mi padre, con sus dos padres ancianos y enfermos y una hija con una leve, pero perceptible, discapacidad mental. Su casa, amplia y hermosa tiempo atrás, tenía espacio suficiente para albergarnos, pero habría sido criminal aceptar su ofrecimiento, compartir entre seis bocas la comida que no alcanzaba para cuatro.

La situación era todo lo desesperada que puede imaginar una pareja que piensa pasar sus vacaciones en una ciudad donde no hay comida ni sitio para quedarse. Fuimos

al buró de turismo en el centro de la ciudad a encomen-
darnos a la bondad de los extraños. En este caso, una señora con gesto severo de directora de escuela. Le contamos
de la invitación fallida a una lectura en su ciudad y de
nuestro actual desamparo ante la cancelación. Alguna te-
cla correcta debimos apretar en nuestra historia, porque
sin mucha ceremonia la jefa del buró de turismo nos extendió un papelito que nos autorizaba a alojarnos tres días
en uno de los peores hoteles de Camagüey (para los afi-
cionados a la arqueología camagüeyana, aclaro que se
trataba del Isla de Cuba, muy cerca de la calle República),
que en ese instante fue para nosotros preferible al Wal-
dorf Astoria de Nueva York. Sobre todo por una cuestión
de distancias.

Minutos después pudimos comprobar a cabalidad el
valor del papelito que nos dio la funcionaria con actitud
de directora de escuela. Mientras era admitido en la re-
cepción del hotel, a mi derecha apareció una pareja. El
hombre depositó un puñado de dólares en el mostrador
pidiendo una habitación. De inmediato le hicieron saber
que, siendo cubano, aquellos billetes no significaban
nada, carecían de valor de uso. El hombre rabiaba. ¿Cómo
era posible que no lo admitieran en ese hotelito canalla
a cambio de aquellos dólares tan necesarios en la compra
de leche en polvo para los niños cubanos? Pero más importante que la leche en polvo de los niños —pretexto
universal de nuestras miserias— era la conservación de
cierto orden de cosas. Un orden que requería mantener

a los nativos alejados de las instalaciones turísticas, sin importar lo infames que fueran, a menos que recibieran autorización de un poder superior. Que los encargados de imponer la prohibición fueran otros nativos hacía la situación más penosa aún. Por supuesto, nadie habló ni de leche de niños ni de orden porque ya todos los argumentos —verdaderos o falsos— que condicionaban nuestras vidas estaban tan sobreentendidos que no tenía sentido mencionarlos. La pareja finalmente se marchó, frustrada: humillaciones de esa especie hieren lo suficiente como para no insistir en ellas. Más en presencia de testigos.

(Cuando más de una década después el Estado, sediento de moneda dura, finalmente levantó el veto a los nativos para usar los hoteles, esto no provocó la destrucción del sistema hotelero cubano ni de aquel sobre el que se erigía el Estado, pero evidentemente en el año 1994 del Señor tal prohibición debió ser fundamental para el equilibrio de la nación.)

Injusticias aparte, aquel hotelito infame nos vino de maravillas. No solo nos resolvía el asunto del alojamiento, sino también el de la comida. Poseía el hotel un restaurante igual de miserable y desangelado que el resto del edificio, pero que nos evitaba horas de cola para consumir comida bastante peor que la que allí cocinaban. De su menú solo recuerdo unas hamburguesas que me supieron deliciosas, incluido un tenue sabor ácido del que le comenté a Cleo: «O les echan queso dentro o la carne está medio podrida». En efecto, cuando le pregunté a la camarera me aclaró que no, que no rellenaban las hamburguesas con queso.

Caminando por Camagüey pude confirmar la relatividad de mi miseria y lo quisquillosa que puede ser la alcurnia de los harapos. Mi camiseta usadísima y mis *jeans* viejos eran, en medio de los andrajos locales, toda una marca de distinción. Una vendedora de limonada llegó a insinuar que yo pertenecía a la casta superior y vil de los jineteros. Si todavía me quedaban dudas sobre cómo aquilataban nuestros harapos, cuando visitamos el humildísimo barrio de uno de mis primos, noté cómo los vecinos se asomaban a vernos pasar, como hacían en La Habana al paso de los extranjeros.

Por no haber, en Camagüey no había ni dinero, ese que gastábamos tan alegremente en La Habana en cualquier chuchería. Los mismos productos que a los vendedores de la capital les arrebataban de las manos, en Camagüey no los compraban ni por un precio tres veces inferior. Fue lo más próximo que estuve de llegar a entender la atracción que ejercía aquella Cuba sobre los turistas que la visitaban. Lo más cerca que estuve de ser extranjero en ese país.

Finalmente di la lectura de cuentos que justificaba mi viaje, originalmente suspendida. La hice en un local que recuerdo demasiado oscuro como para poder leer decentemente. Leí los cuentos como pude, rodeado de unos cuantos parientes, de intelectuales locales recelosos de un escritorzuelo de la capital que ni siquiera parecía tomarse en serio, y de botellas de jugo rellenas de ron, que eran la última moda en cuestiones etílicas en la ciudad. Toda la noche, los intelectuales del patio mantuvieron su callada hostilidad hacia mí mientras vaciaban las botellas de falso jugo. Debería haber sospechado que esas botellas eran el motivo de su presencia allí, no mis cuentos. En cambio, un tío alcohólico me anunció que había dejado de beber porque le hacía olvidar la diversión de la noche anterior. Con diversión se refería al sexo, no a las veladas literarias, por supuesto.

El resto de mis días en Camagüey lo empleé en visitar parientes. En su mayoría, tíos abuelos y primos lejanos que conocía desde niño y a quienes visitaba por primera vez como adulto independiente. Fue también mi manera secreta de despedirme de mi familia camagüeyana. Pero mientras lo hacía me enteré de la existencia de medias hermanas de mi abuela, lo que estiraba un poco más su ya de por sí interminable familia.

Antes, en los días de gloria de la Revolución, mi familia camagüeyana se había dividido entre los que la apoyaban abiertamente y los que la rechazaban con un disgusto discreto que, en medio de tanta cautela, resultaba más bien escandaloso. Ahora no. Ahora mis parientes se dividían en famélicos y bien alimentados. El hambre no había sido demasiado considerada con los credos políticos. Azotaba por igual a castristas y anticastristas. La línea que separaba a los hambrientos de los otros dependía de la calidad de sus conexiones con el campo, el sitio encargado en todas las épocas de producir comida. Mis parientes veterinarios o funcionarios del censo agropecuario lucían robustos, consecuencia directa de su capacidad de producir falsos certificados de defunción de animales que luego eran consumidos en secreto. Algunos de los mejor alimentados le habían hecho ascos a la Revolución en épocas pasadas, pero ahora, conscientes de la oportunidad que les ofrecía un régimen obsesionado por el número exacto del ganado en manos de sus súbditos, justificaban Aquello. Te decían, mientras se frotaban sus brazos mullidos, que, después de todo, Aquello no era tan malo, que no había que exagerar. Las dificultades que afectaban a la gente eran pasajeras. No pretendían hablar desde la fe. Con su acomodaticio relativismo —al estilo de «después de todo, en todas partes ocurren cosas parecidas»— les bastaba.

Al final, donde mejor nos sentimos fue en casa de Pável, un amigo de la infancia que intentaba abrirse camino como cantante de música bailable. La sala de su casa, con muebles de madera maltratada y sólida y un televisor proyectando más sombras que luz, mientras tomábamos vino casero, fue nuestro refugio nocturno en aquella ciudad de ruinosos orgullos. Pero por muy dispuestos que estuviéramos a pasarla bien, por la pantalla del televisor seguía entrando la Historia de la que intentábamos huir por unos días. Ahora se trataba de un teniente de la Marina al que habían asesinado para robarse una lancha y desviarla al destino de todos conocido. Un teniente a quien le dedicaron funerales durante días en varios lugares distintos como si se tratara de un héroe olímpico, un poeta nacional y un conductor de pueblos, todo al mismo tiempo. Su destino final sería Camagüey, provincia de la que era oriundo y en la que se celebraría su apoteosis el domingo, con movilización de toda la ciudad incluida. Sin embargo, la noche del sábado 13 de agosto, el muerto desapareció de la pantalla del televisor. Podría pensarse que había decidido dejarnos descansar antes de despedirse definitivamente. Tomar impulso antes de saltar a la eternidad. Pero no. Esa noche se celebraba el nacimiento de Quientusabes y ninguna grandeza momentánea de teniente muerto en el cumplimiento de su deber iba a empañar el cumpleaños del Comandante Eterno.

No obstante, al mediodía siguiente, el del domingo, la ciudad parecía un pueblo del lejano Oeste antes del duelo decisivo: silenciosa y desierta, luego de que toda la población fuera arrastrada hacia la plaza de la Revolución situada en las afueras. Cleo y yo nos dedicamos a hacer turismo por aquellas calles vaciadas como si en vez del funeral de un teniente devenido en mesías se tratase del de toda Camagüey. Porque —como era práctica habitual— el que no estaba en la plaza se encerraba en su casa hasta que todo pasara. Para que su inasistencia no se notara. Así —como era costumbre— los periodistas podrían tirar fotos de las calles desiertas para demostrar lo unánime que había sido la concurrencia del pueblo al acto.

La única señal de vida inteligente que encontramos en la ciudad fue una casa donde se vendía guarapo: un símbolo de la nueva iniciativa privada en un país donde esta se había perseguido con saña en nombre del socialismo, del futuro luminoso y del peligro que podía generar para el equilibrio social el enriquecimiento privado. Pese a ser los únicos clientes, el recibimiento no fue especialmente entusiasta. Una mujer joven nos dijo que nos sentáramos en un butacón de madera en la sala y esperáramos. En el interior de la casa alguien molía caña de azúcar y machacaba hielo mientras la mujer nos observaba, en silencio. Por fin preguntó si veníamos de la plaza de la Revolución.

«¿Nosotros? ¡Ni locos!»

La mujer lanzó un suspiro, visiblemente aliviada por el hecho de que no fuéramos partidarios de Aquello. A continuación, fuimos parte de una escena común de la época: perfectos desconocidos que, tras el recelo habitual seguido de ciertas señales de mutua complicidad, empezaban a desahogarse contra el Gobierno. Bastaban incluso los segundos en que el semáforo se demoraba en cambiar de la luz roja a la verde. Un comentario sobre el calor o el cansancio se convertía, complicidad mediante, en súbita conspiración contra el Gobierno. Y brevísima, porque bastaba que cambiara la luz o nos acabáramos de tomar el guarapo para seguir con nuestra tarea de sobrevivir.

La Historia se hizo presente en aquellos días camagüeyanos de una manera mucho más amenazadora, abriéndose camino hacia nuestros bolsillos. El dólar, que durante meses no hacía más que subir hasta llegar a los ciento cuarenta pesos cubanos, súbitamente empezó a ser cotizado por solo sesenta. Un giro sospechoso. Se rumoreaba que, para contener la inflación, el propio Gobierno había enviado policías vestidos de civil a cambiar los dólares por menos de la mitad del precio al que se vendían hasta el día anterior. Justo cuando a Cleo y a mí se nos acababa la moneda nacional. Ahora solo contábamos con aquellos diez dólares, que empezaban a perder su magia de un modo abrupto. Nuestra fortuna en dólares se veía reducida a más de la mitad y todavía necesitábamos dinero para poder pagar los pasajes de vuelta.

Hablo de un país sin tarjetas de banco y en el que hacía tiempo no tenía sentido abrirse una cuenta.

Luego de varios intentos por cambiar los dólares, Pável vino a salvarnos: se las arregló para convencer al mismo que nos vendía el vino casero de que le cambiara cinco dólares a cien pesos cada uno. Nuestras almas regresaron a juntarse con el cuerpo. Nos alcanzaba para pagar los pasajes y podíamos dedicar nuestro último día en Camagüey a seguir despidiéndonos de mis parientes. Con los dólares que nos quedaban decidimos ayudar a los más necesitados, una competencia que Gladys, con sus padres viejos y enfermos y su hija discapacitada, ganaba con comodidad. Lo más efectivo, pensó Cleo, sería comprar el oro líquido de aquellos días. Un litro de aceite para que pudieran alternar su dieta de herviduras. No sirvió de mucho. Semanas más tarde Gladys murió de un derrame cerebral y a los pocos días la siguieron sus padres. De los cuatro habitantes de aquella casona que visitamos en agosto, ya a finales de septiembre solo la hija de Gladys quedaba con vida.

Un primo finalmente me hizo llegar la dirección de una tía abuela a la que nunca había conocido. Medio hermana de mi abuela paterna, hija de mi bisabuelo con una amante con la que tuvo profusa descendencia. Todos los hijos, fueran de su esposa o de su amante, tenían algo en común: ser agraciados con la manía de mi bisabuelo por los nombres que empezaban con la letra A. Cuando mi bisabuelo se fue con una tercera mujer a seguir engendrando muchachos cuyos nombres empezaran con A, las familias de la esposa y la amante abandonadas se aliaron para terminar de criar a los hijos más pequeños.

Ada vivía en las afueras de la ciudad, en un barrio de calles sin asfaltar al que llegamos de noche. Fue amable al recibirnos. Me preguntó primero por mi abuelo y luego por mi abuela. Por el cuñado antes que por la hermana. Siempre ocurría así, daba igual el lado de la familia del que se tratara. Primero se interesaban por el abuelo risueño y fiestero, y luego por la abuela apacible y callada. De esa noche creo recordar unas cervezas, pero sería una aparición demasiado milagrosa. Debe ser por lo bien que nos hizo sentir en aquella salita minúscula una gente con la que de entrada no teníamos mucho de que hablar. Además de mi recién descubierta tía abuela, en la sala estaban un hijo suyo y un viejo televisor ruso encendido. Como si fuera un pariente más pendiente de la conversación.

En algún momento el televisor tomó la palabra. Daban un programa dedicado a resucitar viejas películas cubanas, de antes de 1959. Un cine que —según décadas de propaganda oficial, empeñada en convencernos de que Aquello nos había sacado del Medioevo— no existía. Generalmente se trataba de comedias musicales o tragedias rurales a la usanza de la época de oro del cine mexicano. En este caso era una tragedia, lo que resultaba mucho más divertido. Así, durante el resto de la visita estuvimos intercambiando comentarios intencionados y risas usando la película como pivote, con la familiaridad instantánea de quienes descubren antipatías comunes, burlas que iban recortando la silueta de Aquello. Porque en esos días todas nuestras burlas encontraban la manera de confluir hacia el mismo sitio que nuestras quejas.

Balsas

Regresamos a La Habana en avión gracias a los pasajes que pudimos comprar a través del primo que trabajaba en el aeropuerto. Un viaje animado por la esperanza de que el vuelo programado para La Habana terminara en Miami. Para sorpresa nuestra, aterrizamos en nuestro destino original, aunque ya eso era decir demasiado. Ni te bañas dos veces en el mismo río ni regresas nunca a la misma ciudad. La Habana era ahora una ciudad aturdida entre la resaca de la revuelta abortada, la extraña caída del precio del dólar y la súbita disposición del Gobierno a permitir marcharse del país a todo el que quisiera hacerlo en balsas improvisadas. Una ciudad que semanas atrás había soñado con su liberación, ahora se contentaba con darse a la fuga.

Casi todo el que en días previos estaba planificando irse se fue. (No todos, claro, que la excentricidad es una de las más humanas constantes en cualquier circunstancia.) Y muchos de los que nunca habían pensado siquiera en encaramarse a esos amasijos de neumáticos de camión, barriles metálicos y maderas se dejaron llevar por la fiebre del momento, el ahora o nunca de toda la vida.

Los primeros momentos de la fuga colectiva fueron como todo acceso abrupto a una nueva posibilidad: una fiesta. Los argonautas del barrio ya no tenían que preocuparse de hacer embarcaciones modestas que eludieran la vigilancia de la policía. Ahora podían darles rienda suelta a sus ambiciones constructivas. Balsas monstruosas que ocupaban una porción importante de la cuadra, kontikis que apenas se podían subir a los camiones que las transportarían hasta la costa mientras todo el barrio admiraba a sus héroes y los vitoreaba imaginando para ellos el mejor de los destinos.

Cuando el mar empezó a traer los despojos de las balsas hasta la costa y el Gobierno norteamericano, asustado con la arribazón de balseros, decidió enviar a los que interceptaba a la base militar de Guantánamo, el entusiasmo de los marinos improvisados debería haberse entibiado. Lo cierto es que la mayor cantidad de balseros recogidos en un solo día (3.253) por la guardia costera corresponde al 23 de agosto, cuatro días después de que el Gobierno norteamericano diera la orden de desviar a los balseros recogidos en el mar hacia Guantánamo.

Al mes de iniciarse la estampida ya el Gobierno cubano había conseguido lo que perseguía: sentar a los norteamericanos a la mesa de negociaciones, obligarlos a cerrar sus costas a la inmensa regata artesanal y obtener de Estados Unidos un aumento de las cuotas de emigración legal a veinte mil cupos anuales. Así ofrecía a sus súbditos una nueva esperanza de vida: la de la fuga ordenada y segura entregada al azar de una lotería anual.

Eso, en el frente de la esperanza. En el otro, el del estómago, el Gobierno abrió la posibilidad, clausurada años antes, de que los campesinos vendieran sus productos en las ciudades, sin que el Estado les impusiera sus precios. Ya con eso bastaba para apaciguar la rabia de la gente. Para desviarla. Ahora, en lugar de quejarnos de la escasez provocada por el Gobierno, nos quejábamos de que con un tercio del sueldo mensual apenas pudiéramos comprar cinco cebollas raquíticas. Pero al menos había algo que comprar. De nuevo. En el *Manual de instrucciones de Aquello* no había crisis lo bastante grande para no ser aplacada con éxodo y pequeñas dosis de capitalismo. El que no preparaba su fuga, se movilizaba para hacer dinero y reencontrarse con la comida, aunque fuera en cantidades minúsculas.

Estas medidas de emergencia no ofrecían la imagen más coherente de un sistema que se preciaba de serlo. La misma policía que había cazado balseros durante años de repente los ayudaba a subirse a sus balsas o los asistía tras algún percance. Durante las semanas en que el balserismo fue legal, los balseros capturados previamente seguían cumpliendo sus condenas o esperando a ser llevados a juicio. Se continuaba hablando de la inmaculada pureza del socialismo, aunque este le debiera su supervivencia al capitalismo homeopático del mercado campesino, el turismo, las inversiones extranjeras o las remesas familiares. Pero —y eso era más evidente que nunca para un régimen habituado a los giros de su mercurial ideología— la coherencia está sobrevalorada en exceso. Comparadas con la capacidad de supervivencia, el resto de las virtudes sobran.

En la aduana

2019. Mayo. Aparezco en el aeropuerto de Montreal por segunda tarde consecutiva luego de la cancelación del vuelo el día anterior. Paso por las rutinas del control de seguridad, ya sin los artículos inadmisibles que me confiscaron ayer. El agente de aduana es otro, pero las preguntas son las mismas. Que si llevaba semillas, productos del agro: todo eso que habrá que negar tres veces si es necesario. Cuántos días estuve. A qué vine.

—A visitar amigos —miento vagamente. El tipo de respuesta que, lo sé por experiencia, no es seguida por nuevas preguntas.

Me equivoco.

—La Habana. Cubano. ¿Hace cuánto tiempo vives en Estados Unidos? —me pregunta en español, para mi sorpresa.

—Veintidós años —respondo en inglés. No porque me hable en español voy a abandonar la etiqueta que rige las relaciones aduanero-pasajero.

—¿Cuándo saliste de Cuba? —Su español tiene acento

gringo, pero sin exagerar. Pronuncia las vocales castellanas con bastante pulcritud.

—En el 95. —Persisto en el inglés—. Pedí asilo en España. Luego fui a Estados Unidos por un programa de refugiados de ustedes.

—Hace años estuve trabajando en la Florida.

Ya eso no tiene nada que ver con el interrogatorio oficial, pienso. Como si el agente insistiera en humanizarse tras el uniforme. Un señor de unos sesenta años. Coloradote, irlandés, de bigote y pelo canoso. «McMahon» —o algo parecido—, dice la placa que lleva sobre el bolsillo izquierdo de la camisa.

—¿Dónde aprendió español? ¿En Miami? —pregunto al fin en español, en son de paz.

—Trabajé en el Servicio de Guardacostas en la década de 1990. En la Florida. Estaba allí cuando muchos cubanos salieron.

—Sí. En el 94. Debió de ser terrible —le digo, me digo.

—Sí, mucha gente murió —comenta, y el rostro se le nubla al retroceder al tiempo en que vio aquello con sus propios ojos.

—Muchas gracias —digo, y le extiendo la mano. Alarga la suya, cuadrada, áspera, recia.

El apretón es fuerte. Como si acabáramos de sellar un pacto.

Epílogo

Al culminar la estampida masiva de balseros en septiembre de 1994, todavía me quedaban trece meses en la isla, aunque entonces lo ignoraba. Sí sabía que no iba a quedarme allí para siempre, haciendo el papel de ratón irónico frente al gato confiado en su poder que era Aquello. Tampoco estaba dispuesto a que mi cuñada nos siguiera manteniendo con sus mesadas.

Lo que ocurrió después vino a confirmar mi convicción de que yo sobraba en aquel país. Ustedes saben: se llega a una conclusión y luego la realidad no hace otra cosa que confirmártela. Lo que sí me quedaba claro era que la película de la vida cubana seguiría repitiendo variantes de una trama ya conocida y, si uno ha prestado atención las primeras tres o cuatro veces, llega el momento en que el argumento se le hace terriblemente aburrido. En realidad, no se trataba de una película, sino de una telenovela que los guionistas habían decidido extender hasta el infinito sin siquiera ponerse muy creativos.

Como ocurría con la secuencia crisis-éxodo-reformas económicas. Las reformas económicas consistían en inocularle a la moribunda economía socialista dosis mínimas de mercado en forma de autorización a los campesinos para que pudieran vender sus productos en la ciudad. Puede parecer insignificante, pero ese arribo momentáneo a la Baja Edad Media tuvo un impacto inmediato y notable. La moneda cubana, prácticamente inservible durante años, volvía a cobrar sentido durante el trayecto que recorrían los compradores desde su casa al mercado, para, una vez allí, volver a perder casi todo su valor nominal al comprobar estos que su salario mensual apenas alcanzaba para comprar tres kilos de carne de cerdo.

Eso era lo mejor de aquellos días, la esperanza que ofrecían. La posibilidad de hacer dinero como alternativa al viejo plan de construir el futuro. Lo peor era comprender que tus habilidades para hacer dinero estaban perfectamente atrofiadas. O que si, abdicado el tema monetario, te dedicabas a los asuntos del espíritu, te dieran a entender que todo lo que se te ocurriera sería usado en tu contra.

Apenas se apagaba la crisis de los balseros cuando estalló el bastante más circunscrito *affaire* de la revista *Aquelarre*. Aunque hablar de estallido es pura exageración. Los encargados de manejar la situación no pudieron hacerlo de manera más discreta. Sin aviso previo, la revista, una publicación de humor literario con lo mejor que estaba produciendo nuestra generación, fue retirada de los puestos de venta para ser convertida en pulpa. Así de ecologistas eran nuestros fiscales. La censura convertida en reciclaje.

El parto de *Aquelarre* había sido largo y doloroso. Recoger el material entre los escritores, caricaturistas y pintores, editarlo y hasta encargar traducciones fue relativamente fácil. También lo fue diseñar el número, *emplanarlo*. A partir de ahí, el camino a la imprenta se hizo tremendamente tortuoso. Con el Estado con el control absoluto de todo lo que se publicara, debíamos acogernos a alguna institución que nos «representase». Esa fue la Asociación Hermanos Saíz, creada, según sus estatutos, «con el propósito de estimular la creación artística y literaria». El presidente de la AHS estuvo de acuerdo con apadrinar la revista, pero puso como condición retirar un cuento de Eduardo del Llano, director de la publicación, algo que este aceptó si el lugar del texto censurado lo ocupaba uno nuevo con una nota explicando lo ocurrido con el anterior. Todas las precauciones del presidente de la AHS demostraron ser inútiles: apenas unos días después de salir de imprenta, el primer número de *Aquelarre* fue sacado de circulación, camino a ser reciclado. La pulpa resultante sería reconvertida en banderitas cubanas, propaganda oficial y boletas de votaciones amañadas. Su uso habitual.

Pedimos una reunión con el presidente de la AHS y se nos concedió una encerrona con la plana mayor de la Unión de Jóvenes Comunistas del país: el secretario general, la jefa del Departamento de Cultura, el ideológico y la directora del órgano oficial de la Unión de Jóvenes Comunistas. Lucían como cualquier grupo que representa alguna forma de poder: seres que se dejan su humanidad y su capacidad de empatía en algún sitio fuera del salón de reuniones. O más bien la pequeña oficina en la que apenas cabían las diez o doce personas que participaríamos en los ritos finales de *Aquelarre*.

Porque no había que hacerse ilusiones. La revista no tenía salvación.

Frente a la plana mayor de la juventud comunista del país intentamos defender la revista apenas cuatro miembros del consejo editorial. Mi primera pregunta debió parecerles entre ingenua e insolente.

—¿Qué hacen ustedes aquí? —Me refería a la directiva de la Unión de Jóvenes Comunistas—. Pedimos una reunión con la Asociación Hermanos Saíz que, hasta donde sé, es una institución autónoma.

De inmediato aclararon mi equívoco: la AHS estaba subordinada a la Unión de Jóvenes Comunistas y su presidente había cometido una indisciplina grave al publicar la revista sin contar con ellos. Hablaba el secretario general de la Unión de Jóvenes Comunistas. Un bonsái de Quientusabes. Él y su séquito se habían preparado para la reunión como no lo hicimos los representantes de la revista. Hablaban por turnos, sin interrumpirse, como si lo hubieran ensayado. A mi lado, uno de aquellos cachorros de funcionario tenía en la mano un ejemplar de *Aquelarre* abierto justo por mi ensayo, acribillado con marcas. En negro. De uno de los párrafos de mi texto solo había salido ileso el nombre de Oscar Wilde.

Ventajas de estar muerto, pensé. O de ser extranjero en Cuba.

El secretario general de la Unión de Jóvenes Comunistas seguía machacando al cabizbajo presidente de la AHS. Avergonzar al presidente de la AHS frente a nosotros lo traía sin cuidado. Insistía en que haber aprobado la publicación de *Aquelarre* sin su consentimiento era inadmisible. Como si no le molestara el contenido de la revista, solo la cuestión de procedimiento.

Pero si algo los mortificaba era el contenido. Aunque no lo dejaran claro. O sí. Por fin dijeron que les molestaba el artículo de Eduardo, cuyo título parodiaba el del discurso más famoso de Quientusabes, y en el que se quejaba de la poca atención que Aquello le prestaba a los humoristas. Y alguna alergia les producía mi ensayo, titulado «El humor (entre) la libertad y el poder». De haberles puesto títulos más inofensivos, habrían pasado desapercibidos para una censura con muy poco tiempo para leer algo más que el encabezamiento. Aunque lo que más les ofendía de toda la revista era la pequeñísima nota consignando la censura del presidente de la AHS al cuento de Eduardo. Nada les molestaba más que la constancia puntual de que habían hecho lo que mejor sabían hacer.

Por lo demás no fueron demasiado agresivos. La directora del diario de la Unión de Jóvenes Comunistas incluso alabó nuestro talento y sugirió que podrían emplearlo en los discursos de la organización, a lo que respondimos que carecíamos del tipo de talento necesario para escribir discursos. Al final de la reunión dijeron que permitirían distribuir el número ya impreso, pero que ese sería el único que publicaríamos. Les creí lo segundo más que lo primero. De manera que a partir de ese momento mis esfuerzos se concentraron en asegurarme de que cada uno de los colaboradores de la revista recibiera diez ejemplares. Si no cumplían su palabra de distribuir la edición, al menos podría garantizar la supervivencia de un par de centenares de copias.

Esta vez, a diferencia de las anteriores, no hubo llamadas misteriosas, problemas de plomería ni censuras a través de intermediarios. Fueron delegados autorizados de Aquello quienes nos informaron de que nuestras ideas no tenían cabida en su mundo.

En mi juego del gato y el ratón, el pobre ratoncito que era yo vio de cerca al gato varias veces. Como cuando la policía me detuvo y golpeó en un concierto en el teatro Karl Marx: escapé gracias a que el chofer del carro patrullero de repente me dijo que me fuera y, al ver que me dirigía de nuevo al teatro, me gritó: «Al teatro de nuevo no: piérdete».

O cuando en la heladería Coppelia arranqué un cartel que anunciaba «Saludamos la asamblea del Partido con mayor calidad en los servicios» y dos policías me rociaron con gas pimienta y me esposaron. Por ese orden.

O cuando recibí un premio literario y la Seguridad del Estado se enteró antes que yo y envió un representante a supervisar la premiación.

O cuando la Seguridad del Estado me citó en la oficina de inmigración donde hacía los trámites para irme y allí me interrogó sobre las intenciones de mi viaje.

Pero nada de eso me describe en esos días en mis relaciones con Aquello. Lo que me recomienda mi sádica memoria es que cuente un incidente en la Casa del Joven Creador. El del día en que reunieron un buen grupo de escritores jóvenes para debatir sobre el posmodernismo. Nada menos. Éramos posiblemente más de cien literatos, todos hambreados, aunque intentando disimularlo como mejor podíamos. Como si fuera una moda. Y qué mejor para disimular nuestra hambre que hablar de un concepto que nos resultaba tan ajeno como la comida, pero más alcanzable. Imaginarnos en plena posmodernidad después de años de flotar en el limbo conceptual. Después de dejar pasar el tren de la modernidad, podíamos intentar engancharnos al vagón posmoderno.

Uno de aquellos críticos en ciernes aseguró que la Revolución Cubana era un proyecto plenamente posmoderno. Un escritor le respondió indignado que cómo se atrevía a llamar posmoderno al último de los proyectos hegelianos que se habían intentado poner en práctica. Ambos pensarían que si la posmodernidad estaba de moda, sería naturalmente buena y, por tanto, posmoderno todo lo que les simpatizara. Y lo que detestaran debería conformarse con ser moderno. O nada. En algún momento me aburrí de aquel debate, como termina aburriéndome cualquier reunión, del tipo que sea. Así que, para sacudirme el tedio, me levanté a decir que por qué discutíamos sobre la posmodernidad cuando era obvio que otros asuntos nos importaban mucho más.

—¿Como cuáles? —preguntó el funcionario que nos convocaba. Era el mismo presidente de la AHS al que habían avergonzado ante nosotros en la reunión donde se decidió el destino de la revista.

—Lo que más nos puede importar como escritores, de lo que depende nuestra posibilidad de expresarnos o no —respondí.

Lo dije como si no hubiera nada más evidente para aquella reunión de personas que se llamaban a sí mismas escritores, intelectuales. «Libertad», esa palabra vieja y polvorienta, brillaba ante mí como si acabara de descubrirla en medio de una excavación arqueológica.

—Y eso, ¿qué es? —me preguntó un poeta, pendenciero. Como si estuviera esperando una señal para lanzarse al cuello de alguien, iniciar la revuelta.

Pero no dije nada. No me atreví a pasar el límite marcado por esa simple palabra. Yo, que tantas veces había jugado a decir lo que los demás callaban, me vi mirando a mi propia cobardía a los ojos. Y no lucía bien.

Otras veces me atrevía a decir lo que pensaba, como si tratara de desquitarme de aquel silencio. Como el día que me enteré de una conferencia sobre Martí y el socialismo en el Centro de Estudios Martianos. Un subterfugio para convertir al pobre Martí, con su romanticismo trasnochado, en socialista. Enrolarlo en el credo socialista a pesar de los escritos donde criticaba a Marx y el socialismo. Una especialidad de la casa: reclutar muertos para su causa. Demostrar que, cuanto valía y brillaba en el país, había anunciado y bendecido el advenimiento de Quientusabes y de Aquello.

Esperaba encontrarme un montón de historiadores oficiales, expertos reclutadores de difuntos. Y sí, estaban ahí, pero no estaban solos. También había altos oficiales del Ejército. Generales, coroneles. Por haber había hasta policías. No mucho tiempo atrás los militares habían tomado por asalto el Instituto de Historia, y estaban enseñándole al pasado a marchar a su paso. La presencia de los policías era menos comprensible. Supuse que alguien estimó que el evento sería necesario para su entrenamiento espiritual.

Cuando llegué, uno de los historiadores de oficio afirmaba que cuando Martí criticaba el socialismo no se refería a la especie existente en Cuba, sino a cierta idea del socialismo que se tenía en el siglo XIX, antes de que este se hiciera realidad. Apenas terminó tomé la palabra. Afirmé que podían decir que Martí estaba equivocado, pero los defectos que criticaba en aquel socialismo eran los mismos que tenía el nuestro. No me oponía a que cuestionara la validez de los escritos de Martí, pero sí a que intentara falsear lo que escribió. Cumplida mi misión de ilustrador de burócratas del saber, de letrados orgánicos y coroneles vagamente ilustrados, me retiré. Ya era cuestión de tiempo que me expulsaran del trabajo o me metieran preso. No dudaba que aquellos militares y policías intentarían lavar de algún modo mi afrenta. Sin embargo, para mi acumulativa sorpresa, nada me ocurrió ese día ni en los siguientes.

Meses después, al entrar en la Biblioteca Nacional, se me acercó un policía a preguntarme si había participado en aquella conferencia sobre Martí. Asentí como si aceptara los términos de la detención que estaba a punto de producirse. Como si extendiera mis muñecas para que me pusiera las esposas. Pero, a continuación, en lugar de detenerme, el policía me consultó sobre un debate surgido en su unidad policial: ¿el nombre oficial que le habían dado a 1995 («Año del Centenario de la caída de José Martí») no me parecía irrespetuoso? Porque «caída» podía ser cualquier cosa. Como caerse de un caballo o de una escalera. No recuerdo lo que le respondí porque en aquel momento mi mente andaba demasiado distraída en maravillarse con aquella situación: lo dicho por mí en la conferencia sobre Martí meses atrás no había despertado la menor alarma en el policía. Le bastó verme en una institución oficial, rodeado de historiadores y militares, para otorgarme la condición de autoridad académica... mientras sus jefes no decidieran otra cosa.

Pienso que aquel incidente, más que una falla en el sistema represivo, era síntoma de su adaptación. Empezaba a permitir que se dijera casi cualquier cosa a condición de que su alcance se limitara a cierto público. Esa era su nueva noción de pragmatismo: en lugar de custodiar la pureza del sistema, limitarse a garantizar su existencia. Algo parecido ocurrió con un monólogo que escribí y con el que rendía homenaje al escritor Héctor Zumbado, incapacitado para seguir escribiendo luego de una misteriosa paliza que lo puso al borde de la muerte. El monólogo, más que homenaje, era una sátira del Hambre y sobre todo de la nostalgia que empezaban a despertar los años que la habían antecedido. Años en que nuestra precariedad comenzaba a parecernos luminosa.

Luego de su estreno sorpresivo a teatro lleno, el monólogo pasó a ser parte habitual del repertorio de Osvaldo Doimeadiós, el magnífico actor que lo encarnó aquella primera vez, y, a partir de entonces, fue representado por varios de los actores más conocidos del país. Eso sí, solo lo representaban en teatros, peñas y espacios similares. Sin embargo, uno de aquellos actores, Carlos Ruiz de la Tejera, llegó a grabar el monólogo para la televisión nacional y me llamó para informarme de la fecha y la hora en que lo transmitirían. Me gustaría pensar que no le creí, pero recuerdo que esa noche estuve sentado frente al televisor para comprobar que al final habían decidido reemplazar mi monólogo con una vieja pieza del repertorio del actor. Precisamente una del humorista que habían descontinuado a golpes. Si aún albergaba dudas sobre las reglas del juego vigentes, esa noche quedaron definitivamente despejadas.

Llega el momento en que te cansas de ese juego. El de pretender que eres libre más allá de tus circunstancias y, simultáneamente, conocer milimétricamente los límites que no puedes traspasar. Límites, por otra parte, demasiado ajustados al cuerpo. Una vez descubiertos esos límites, no me podía dar el lujo de ignorarlos, de engañarme. O sí, y entonces convertirme en una suerte de contestatario de bolsillo que el mismo sistema que me mantenía sujeto exhibiría como muestra de su liberalidad.

En algún momento había arribado a dos certezas desalentadoras: que vivía en circunstancias denigrantes y que no podía hacer mucho para cambiarlas.

Ya sabía que no tenía vocación de héroe ni de mártir y que tampoco era bueno para la servidumbre o el disimulo. Dicho en otras palabras: debía acabar de irme de una buena vez.

Ya no me quedaba nada por hacer allí.

O, más bien, sí. Tenía que terminar el libro que había comenzado a escribir tiempo atrás con un amigo. Una historia de Cuba apócrifa y, sin embargo, perversamente cercana a la real.

También debía despedirme de mis amigos, del país. Así viví los últimos meses en Cuba, como una incesante despedida. Incluso antes de iniciar el agotador proceso que eran los trámites de un supuesto viaje de placer, trámites que he contado en otro sitio y no pienso repetir aquí. En eso también tuve suerte si me comparo con generaciones anteriores de emigrados. Pienso en los que se fueron en 1980 durante el éxodo del Mariel. La mayoría de ellos no solo no tuvieron oportunidad de despedirse de nada ni de nadie, sino que fueron acosados sin piedad en sus propias casas. Pasaron días, semanas incluso, rodeados de turbas vociferantes que les arrojaban huevos, piedras y basura de todo tipo después de que les cortaran el agua y la electricidad y les pintaran letreros infames en la fachada con chapapote. Puedo dar fe de ello: fui parte de aquellas turbas.

Podría esconderme tras mi edad. Asegurar que cuando aquello sucedió todavía no había cumplido trece años. Pero me hago responsable de los huevos lanzados contra las casas de familias aterradas, igual que asumía las notas que sacaba en la escuela a esa edad. Aunque solo sea porque saber que sucumbí a una de las variantes más burdas del mal, la de dejarse arrastrar por la turba deseosa de restregarle su escaso poder a gente inerme, me va a servir de correctivo cada vez que juzgue la crueldad y la estupidez ajenas.

Hay más. Porque en aquella primavera terrible de 1980 no solo practiqué el abuso como parte de la turba. También lo hice de manera individual e intransferible. Disfracé mi maldad preadolescente de lucha política a la vera del poder estatal. Muchachito tímido e introvertido, aproveché que la Historia tocaba mi puerta para sentirme autorizado a lanzar huevos contra los vecinos del barrio, incluso sin siquiera ampararme en la euforia de la muchedumbre. Lanzaba huevos contra la fachada de una vecina que se había refugiado semanas antes en la Embajada del Perú, sabiendo de antemano que no se atrevería a protestar ni a quejarse ante mis padres. Ella no era nadie, y yo a mis doce años lo sabía y me aproveché de ello. Ahora, quince años después de aquellos huevazos, el que se iba era yo y lo que hacían mis vecinos era desearme toda la suerte del mundo.

Fue en medio de aquellas despedidas y trámites cuando decidí conmemorar el primer aniversario del hundimiento del remolcador. Nada heroico. Apenas un intento de quedar en paz conmigo mismo. Le comenté a Ignacio, restaurador del cementerio, que el día del aniversario iría al malecón a echar flores al mar y dijo que me acompañaría. En la mañana del 13 de julio de 1995 compré las únicas flores que vendían en la floristería a la entrada del cementerio. Girasoles. Siempre me parecieron unas flores infantiles, así que las consideré apropiadas. Al verme con los girasoles, Ignacio me preguntó, risueño, si eran para Ochún, pero al recordarle lo que habíamos hablado se puso serio, confirmándome que me acompañaría. Al terminar el trabajo salimos en bicicleta, girasoles en mano, atravesando todo El Vedado hasta llegar al mar. En el camino nos cruzamos con un carro de policía, pero seguimos pedaleando sin que nos detuvieran. Al llegar al malecón nos subimos al muro y lanzamos los girasoles al mar. Estuvimos un rato en silencio hasta que Ignacio dijo: «Vámonos pa'l carajo».

Eso fue todo.

No lo cuento para dármelas de valiente. Valiente Ignacio, que tenía una hija, que se quedó, que sigue allí. Viviendo una vida seguramente digna, como todo lo que hacía. Yo no. Yo me fui, entre tantas cosas, porque la dignidad allá tenía un precio altísimo que no sabía si sería capaz de pagar. Como dice Dirty Harry: un hombre debe conocer sus limitaciones.

Todavía me faltaban unos meses para irme definitivamente. En apariencia era un viaje de vacaciones a Alemania, aunque nuestro plan era quedarnos en la escala que haría el avión en Madrid.

Así fue. Llegamos a Madrid el sábado 21 de octubre de 1995. El lunes 23 estábamos en las oficinas de la Policía Nacional en la calle Pradillo solicitando asilo político. Cuando me preguntaron de qué huía, mentí respondiendo que de la Seguridad del Estado. Cierto era que la Seguridad del Estado me vigilaba y a cada rato se dejaba ver, como para que no me olvidara de ellos. La última vez fue apenas una semana antes de salir. Pero no me fui por eso. La mayor parte del tiempo la Seguridad me ignoraba, entretenida en asuntos más serios. Yo huía del Hambre y de Aquello. Porque Aquello nunca iba a descansar. Me seguiría a todas partes, obsesionado con que le dedicara la vida de alguna manera. Y esa vida era lo único que tenía. Que tengo. Pero no se lo dije a los policías de Madrid porque no me iban a entender. Para entenderme habrían tenido que leerse este libro, que no existía. E incluso leyéndolo, no estoy seguro de que me fueran a comprender del todo.